블라디미르 수린의 한/러/공/생/국/가/론

시베리아개발은
한민족의손으로

블라디미르 수린의 한/러/공/생/국/가/론

시베리아개발은
한민족의손으로

지은이 블라디미르 수린 외 8명

인쇄일 초판1쇄 2009. 9. 28
발행일 초판1쇄 2009. 9. 30
펴낸이 정구형
총괄 박지연
디자인 김숙희, 이솔잎
마케팅 정찬용
관리 한미애, 강정수
펴낸곳 국학자료원

　　　등록일 2005. 03. 15 제17-423호
　　　서울시 강동구 성내동 447-11 현영빌딩 2층
　　　Tel 442-4623~4 Fax 442-4625
　　　www.kookhak.co.kr
　　　kookhak2001@hanmail.net

ISBN 978-89-6137-519-1 *93900
가격 15,000원

블라디미르 수린의 **한/러/공/생/국/가/론**

시베리아개발은
한민족의손으로

박병환

박윤형

라종일

홍완석

한종만

최우길

이상면

이길주

국학자료원

오늘 세계는 국경과 인종, 종교, 문화 등 모든 분야에서 경계선이 무너지고 새로운 패러다임을 창출해 나가는 대전환기를 맞이하고 있다. 중국과 인도 등 신흥 경제대국의 부상으로 세계 질서도 엄청난 속도로 재편되고 있다. 이러한 때 선조들의 빛나는 전통을 계승하고, 급변하는 세계 질서를 주도하기 위해서는 흔들리지 않는 논리와 철학, 그리고 글로벌 시대에 부응하는 민족정신이 절실하다.

우리나라가 세계 10위권의 경제규모로 성장할 수 있었던 것은 우리 산업역군들의 지칠 줄 모르는 개척자 정신 때문이라고 할 수 있다. 열사의 땅 중동에서 땀 흘려 달러를 벌어왔고, 맨손으로 반도체와 휴대전화 등 IT산업을 일궈 세계 최고 수준까지 올려놓았다. 그러나 지금 세계는 치열한 자원 확보 경쟁을 벌이고 있다. 세계 각국이 인류의 마지막 자원보고인 시베리아에 눈독을 들이는 이유도 여기에 있다.

우리는 한반도라는 좁은 지역에 살고 있지만, 선조들은 북방 진출에 대한 꿈을 잃지 않았고, 일찍부터 중원 천지를 누비며 기마민족의 기상을 떨쳐 왔다. 지금 우리 민족은 북방 진출로 새로운 민족 진운을 떨칠 호기가 눈앞에 펼쳐지고 있다. 수많은 기업이 러시아, 특히 시베리아에 진출해 있고, 앞으로 더 많은 우리의 자본과 기술, 인력이 시베리아 개척에 나설 기회가 다가오고 있다.

평화통일재단은 2008년 11월 28일 서울에서 러시아의 저명한 사회학자 블라디미르 수린 박사를 초청해 '한·러공생국가론(코리아 선언)'을 주제로 강연회를 개최했다. 수린 박사는 이 강연회에서 러시아가 우리나라처럼 저출산 문제로 골머리를 앓고 있는데다가 중국 등 인접 국가 주민들의 불법이주로 인해 국가 생존 자체가 위협받는 상황으로 내몰리고 있다고 밝히고, 이러한 위기를 타개할 대안으로 '한·러 공생국가론'을 제안한 것이다. 한마디로 시베리아 개발은 뛰어난 기술력과 자본, 우수한 인력을 갖고 있는 한민족이 시베리아에 대규모로 진출해 자원 개발에 나서도록 하자는 것이다.

물론 수린 박사의 제안이 아니더라도, 평화통일재단은 전 세계를 하나로 묶을 수 있는 국제평화고속도로 계획의 일환으로 베링 해협 프로젝트를 발표한 바 있다. 유라시아와 남북미 대륙을 연결함으로써 시베리아 개발을 효율적으로 돕고, 이 지역이 세계평화를 실현하는 데 기여하도록 하자는 것이다. 세계평화는 국가와 집단 이기주의로 인해 단절된 국경과 인종, 종교 등 모든 장벽을 허물어버릴 때 가능하다. 평화통일재단은 모든 이해집단 간의 자연스러운 소통이 가능할 때 세계평화가 실현될 수 있다고 보고 이 프로젝트를 제안한 것이다.

수린 박사의 제안은 당사국인 러시아는 물론 우리나라에서도 큰 반향을 일으켰다. 급변하는 세계 질서를 바람직한 방향으로 이끌 수 있고, 앞으로 한민족의 꿈을 실현할 불씨가 될 수 있다고 보기 때문이다. 그래서 수린 박사의 제안을 여러 측면서 조명하는 『시베리아 개발은 한민족의 손으로』라는 책자를 발간하게 되었다. 물론 수린 박사의 제안에 설익은 부분이 없는 것이 아니고 국제 여건도 호락호락하지 않지만, 이 불씨를 잘 살릴 수 있다면 우리 민족이 북방 진출과 남북통일을 이루고, 더 나아가 환태평양시대의 주도권을 잡아나갈 수 있다고 본다.

아무쪼록 이번 기회에 다시 한 번 선구자적 제안을 해준 수린 박사에게 감사드리며, 좋은 글을 써주신 각계 전문가들에게도 심심한 사의를 표한다. 우리 민족의 진운을 결정하는 중요한 이때, 독자 여러분도 이 책을 통해 안목을 넓힐 수 있는 좋은 계기가 되리라 확신한다. 이 책이 출간될 수 있도록 애써 주신 모든 분들께 감사드린다.*

2009년 9월
평화통일재단 이사장 곽 정 환

새로운 문명사적 변화에 직면하고 있는 21세기는 우리에게 창의적인 발상을 요구하고 있다. 지구화, 국제화, 기후변화, 자본주의화 등을 특징으로 하는 21세기 질서의 모습 속에서 우리는 보다 안전하고 평화로운 삶의 공간을 확보하고 번영의 길을 마련하여야 하는 과제를 지니고 있다.

한반도 안보와 통일이라는 핵심적 국익을 주도적으로 확보하려는 우리의 국가목표는 한·미·일 동맹관계를 유지하면서 체제와 가치를 달리하는 주변 국가들과도 협력의 틀을 구축해 나가는 복합외교를 통하여 달성될 수 있다. 이런 맥락에서 한반도와 지정학적, 지경학적 연계성이 증대되어 가고 있는 러시아와의 관계를 증진하는 외교과제가 주목을 받고 있다.

한국과 러시아가 공생국가를 만들어 21세기 프런티어인 시베리아 개발을 위해 협력해야 한다는 요지의 블라디미르 수린 박사의 '코리아선언'이 충격적인 제안으로 받아들여지는 배경은 우리의

21세기 생존전략을 위한 창의적인 방안이 내포되어 있기 때문이다.

평화통일재단은 2008년 11월 동북아의 기본 틀을 바꾸는 기념비적 방안을 제시한 수린 박사를 초청하여 강연회를 개최하고, 토론회를 가진 바 있다. 이어서 재단의 지원으로 수린 박사의 논문과 강연내용을 포함하여, 국제문제 전문가들의 수린 박사의 견해에 대한 평가를 실은 글을 한데 모은 책자를 발간하게 되었다. 수린 박사가 던진 화두가 한민족이 나아갈 길을 밝히는 불쏘시개가 되기를 바라는 재단의 깊은 뜻이 담겨져 있는 것이다.

'한·러 공생국가론'은 시베리아를 거쳐 베링으로 연결되는 거대한 평화청사진을 제시함으로써 주변국가로부터 공감을 얻을 수 있을 것이다. 수린 박사는 '코리아선언'을 구현하기 위한 사업으로 베링해협을 육로로 잇는 메가 프로젝트를 높이 평가하고 있다. 수에즈운하가 지중해와 인도양을 연결시키고 파나마운하가 대서양과 태평양을 이어 놓았다면, 베링해협터널 건설은 유라시아와 아메리카를 연결하는 물리적 터널뿐만 아니라 새로운 문명세계로 나아가는 인식의 교통로를 개설하는 새로운 세기적 개혁사업으로 평가될 것이다.

과거 주변 강대국의 각축장이자, 급기야는 분단된 우리나라가 쓰라린 역사를 되풀이되지 않기 위해서는 주변 4강국에 비견되는 강국이 되어 동북아에서 5강 체제라는 신질서를 형성하는 것이 급선무임을 잊어서는 안 된다. 한일터널 건설, TSR·TKR 연결 및 베링해협 프로젝트 실현 등 대형 인프라를 구축하는 과업달성은 강한 코리아에 이르는 첩경이며 동북아 중심국가로 부상하는 중요한 경로가 될 것이다.

금번 발간된 책자는 우리 미래의 꿈을 실현하는, 특히 팍스코리아나 시대를 준비하는 필독서가 될 것이다. 끝으로 필자는 21세기 르네상스로 일컬어질지도 모를 인류평화를 실현하기 위한 수린 박사의 충격적 제안에 대해서 많은 독자들의 활발한 토의와 깊은 연구가 있기를 기대한다.*

2009년 9월

베링해협평화포럼 한국대표 · 전 주러시아 대사 정 태 익

한·러 공생국가론 : 블라디미르 수린 박사가 2005년 11월 러시아의 정치평론지 '폴리티체스키 클라스'를 통해 발표한 논문. 원제는 '코리아 선언(카레이스키 메니페스트)'이나 한국 독자들이 알기 쉽게 핵심 개념인 '한·러 공생국가론'으로 바꾸었다. 수린 박사의 이 논문이 실린 '폴리티체스키 클라스'는 러시아의 주요 정치인들이 구독할 만큼 영향력 있는 정치평론지이다. 수린 박사는 2008년 11월28일 서울 센트럴시티 컨벤션센터에서 개최된 '베링해협평화포럼 창립기념 초청강연회'에 초청연사로 참석해 '21세기 프런티어 시베리아 개발은 한민족의 손으로'라는 제목의 강연을 통해 논문 내용을 소개했다.

제1부
어느 러시아
학자의 충격적 제안

- '코리아 선언'(한 · 러 공생국가론) | 블라디미르 수린
- 블라디미르 수린 박사와의 대담 1, 2

"만일 현재의 방식대로 인구는 감소하는데 이민 문호를 개방하지 않는다면 빈곤 상태에서 바로 몰락으로To be poor and dead 연결될 것임이 자명하다. 따라서 러시아가 선택해야 하는 것은 '부유해지고 생존도 연장할 수 있는 길' To be rich and alive이라야 하며 이를 위한 최선의 방책은 한국인(남한, 북한, 한국재외동포)과의 공생국가 Symbiotic States 추진이다."

– '코리아 선언'에서

"우리는 아주 단순한 것을 만들자고 제안하는 것이고, 문명적, 물리적 공간을 통해 상호 잠재력을 이용하고 완전히 새로운 지정학적 수준으로 나아가자는 것입니다. 국가 체제 통일을 통해서 말입니다. 내 여권이 한국에서도 통용되고, 당신의 여권이 러시아에서 통용되게 하는 것입니다. 이게 전부입니다."

– 언론과의 인터뷰에서

'코리아 선언'

- '한 · 러 공생국가' 건설을 제안한다

블라디미르 수린 | 사회적 가치가 있는 문제연구소장

러시아가 당면한 국가적 난제를 '인구동태학[1]적인 문제'로 단순화하는 것은 그야말로 '문제'가 있어 보인다. 국가적 난제란 결국 국가와 그 국가 구성의 밑바탕이 되는 사회의 복합적 문제이기 때문이다. 따라서 '누구의 잘못인가, 무엇을 해야 할 것인가'라는 전형적인 질문에 앞서 '누구를 위한 것인가, 무엇을 하기에는 아직 시간이 있는가'라는 점에 착안하여야 할 것이다.

여기서 '아직도 우리에게 시간이 있는가'라는 질문에 대한 답

---

1 인구동태(人口動態, movements of population) : 일정기간 내의 인구 변동 상황, 즉 1년간의 출생 · 사망 · 결혼 · 이혼 · 사산(死産) 등 인구의 자연적 변동 상황의 통계를 인구동태라고 한다. 이는 특정 시점에서 파악한 인구(분포 · 구조)를 나타내는 정태통계(靜態統計)와 함께 인구통계의 주축을 이룬다. 인구의 사회적 변동을 가져오는 지역 상호 간의 인구 움직임을 포함하는 경우도 있다. 인구동태는 그 지역의 사회 · 경제적인 모든 조건과 밀접한 관계가 있어 중요한 지표(指標)로서 이용된다

부터 해보고자 한다. 그 답은 '러시아는 어떤 일을 한다고 해도 이미 시간을 놓쳤다' 는 것이다. 우리는 국회의원 선거나 대통령 선거와 같은 정치적인 행사에 정신을 파느라고 러시아 민족의 죽음을 보지 못하고 만 것이다. 정치적인 안정과 함께 국민총생산GNP 증대, 막대한 석유안정화기금 등 2008년의 대선을 앞둔 시점에서 러시아는 과거 어느 때보다 좋게만 보였다. 그러나 실은 러시아 민족은 죽어가고 있는 것이다.

역사적인 관점에서 독일인, 스웨덴인, 프랑스인, 영국인 등 유럽의 백인들은 인구동태학적인 측면에서 점점 상대적으로 위축되고 있다고 할 수 있다. 유럽의 포스트 크리스천 자유주의적 민족들은 '인구동태학적 피그미족' 이라고 할 수 있다. 이론상으로는 유럽이나 러시아에서 인구동태학적 문제가 발생할 리는 없다. 왜냐하면, 인구 감소 문제가 있는 국가들은 국경을 열고 이민자에 대한 문호개방 정책을 추진하면 문제를 해결할 수 있기 때문이다. 따라서 두 가지 문제, 즉 인구동태학적 문제와 이민자 관리정책 중에서 결국 어느 하나가 문제인 것이다.

지난 반세기 동안 부유한 유럽 국가들이 저출산율로 고심하는 가운데 제3세계 빈곤국가들은 오히려 인구 증가를 고민해왔다. '팍스 차이니즈Pax Chinese' [2]로 향해가는 세상에서 이제는 러시아도 인구정책을 바꿀 때가 되었다. 그리고 아직 '기회' 는 있다. 광

---

2 팍스 차이니즈(Pax Chinese) : 팍스 시니카(Pax Sinica)와 같은 의미. 중국 중심의 국제질서를 뜻하는 말.

대한 영토를 보존하면서 지정학적으로도 번성할 수 있는 방법이 있기 때문이다. 전체적으로 보아 인구 과잉에 시달리는 지구에서 일부 국가가 인구 감소로 걱정한다는 것은 말이 안 되지 않는가.

출산율 문제가 단순히 그 사회가 잘사는 사회인가 아닌가에 달려 있지 않다는 것은 위에서 살펴본 바와 같다. 출산율 문제는 아이를 낳겠다는 의지와 직접 함수관계에 있다고 보는 것이 타당할 것이다. 이 문제가 경제적 또는 정치적 방법으로 해결이 안 되는 것이란 점을 강조하고 싶다. 다만 러시아 경우에는 이 문제를 지정학적으로 해결할 수 있는 기회가 있다.

기본 인식과 국가의 주요 기능에 대하여

국가의 가장 중요한 목적은 민족의 생존을 부지하는 것이다. 이 문제를 해결할 수 없는 국가는 존재 자체가 어려운 국가라고 할 수 있다. 민족의 생존을 부지할 수 없는 국가는 멸망한다. 민족의 생존을 부지하는 임무 외에 다른 국가적 기능들은 보조적 기능이라고 볼 수 있다. 국가 생존이나 민족 생존의 문제를 해결하기 위해서는 국가의 영토나 자원, 그리고 인구를 염두에 두고 답을 찾아봐야 한다. 국가는 국내 자원이나 해외 자원을 이용하면서 민족 생존 문제를 해결해야 한다.

지금 서구에서 여러 민족이 점차 사라져 가고 있으며 소비에트 사회주의공화국 연방USSR이 부정적인 이데올로기 때문에 사라지는 것을 분명하게 볼 수 있다. 소비에트공화국은 지구 전체 농지의 4분의 1, 천연자원의 2분의 1을 보유하고도 먹고살기에 문제가 있었다. 서구 국가들 또한 세계에서 가장 높은 평균소득, 교육 수준, 의료 서비스 등에도 불구하고 지금 멸망해가고 있다.

서구의 자유주의 이데올로기Liberal Ideology를 기반으로 서구 국가들이 지탱해 가고는 있으나 이들 국가의 인구는 정체 또는 감소하는 반면, 서구적 자유주의 이데올로기를 받아들이지 않은 국가와 민족들은 오히려 인구가 증가하고 있다. 이는 곧 민족의 생존을 강화한 결과처럼 보이게 한다.

시간의 요소는 죽음의 요소로 작용 가능

현재 러시아의 국가 정체성을 구성하는 기본요소는 영토와 인구이다. 이 중에서 당연히 먼저 살려야 하는 것은 영토이다. 러시아는 인구 감소로 영토의 아시아 부분, 즉 영토의 절반을 잃을 수도 있다는 위기론이 대두되고 있다. 만약 러시아 영토 중에서 아시아 부분을 잃게 되면 인구도 회복할 수 없게 될 것이다.

반면, 러시아가 영토를 보전하면서 5억 명 이상의 중국 이주자의 출입통제를 강화하는 조치를 취한다면 영토 보전을 위한 시간을 얻을 수 있다. 그리하여 현재에는 불가하나 미래에는 가능할 러시아의 인구가 증가할 미래의 기회를 만들 수 있을 것이다. 이 미래의 기회를 얻기 위해 지금으로서는 시베리아, 극동, 연해주 지역의 영토를 보전해야 한다.

서구식 '양들의 침묵'

요즘 인구 감소를 겪고 있는 서구 국가들이 그나마 보합세를 유지하고 있는 것은 후진국들의 이민을 받아들여 인구 부족분을 메우고 있기 때문이라고 해도 과언이 아닐 것이다. 이런 측면에서 보면 서구 선진국들은 후진국들로부터 유입되는 인구의 유출입을 조절함으로써 가까스로 인구 부족 문제를 꾸려가고 있는 것이다.

후진국에 대한 전통적인 인식은 기아, 질병, 빈곤, 높은 유아 사망률 등 좋지 않다. 그러나 부유하지 않고 형편이 나쁜 후진국들이 높은 출산율로 세계 인구 증가에 기여하고 있다. 선진국으로의 이민이 계속 늘어나도 인구통계학적 지표는 감소하지 않을 정도로 후진국들은 출산율이 높다. 선진국들이 전 세계 '경제적 기증자donor' 역할을 하고 있다고 한다면, 후진국들은 그 경제의 원동력이 되는 '인구 기증자'라고 할 수 있다.

현재 유럽의 전체 인구 10억명 가운데 4분의 1은 후진국에서 온 이민자들이다. 후진국의 인구는 30년마다 2배로 증가하나 서구 민족의 인구는 2050년이 되면 세계 인구에서 차지하는 비중이 형편없는 소수 그룹으로 전락할 만큼 감소하게 될 전망이다. 현재의 선진국과 후진국의 인구 비율은 소비사회 이데올로기 부정의 가장 객관적인 지표이다. 서구적인 이데올로기를 가진 사람에게 '가족'이라는 것은 생애 목적인 자아실현으로 가는 길의 '장애'이고 '필요없는 부담'이 돼 버렸다. 현재 서구 사회에서는 자동차 3대에 아이 1명꼴의 양상을 보이고 있다. 러시아에서도 소비사회 이데올로기가 발달하고 있으며, 경제가 성장할수록 같은 결과로 나타나고 있다.

역사적 과정을 '좋다'거나 '나쁘다'라고 평가할 수는 없다고 생각한다. 이러한 현실을 '역사적 필요성'이라고 하는 것이 가장 맞는 말이라고 생각한다. 아울러 서구 사회가 이민을 받아들이는 양태도 과거 단순노무직에서 점차 경영자, 과학자, 의사 등 교육수준이 높고 투자능력이 있는 이민 희망자를 우선적으로 받아들이는 경향이 있다. 이로 인해 후진국에서 이민 온 인력 계층도 급속히 서구 사회의 인구동태학적 양상으로 변화하고 있다.

러시아와 한국의 협력관계

그렇다면 인구가 감소하는 러시아가 취할 수 있는 방책은 무엇일까. 당장 전 세계에 이민 문호를 개방할 필요는 없다. 러시아는 오직 딱 한 민족, 그 민족의 노동력을 받아들이면 자기를 보전할 수 있다. 딱 한 민족만 선택해서 받아들이고는 다시 국경을 폐쇄해야 한다. 서구식 '열린 러시아'는 뻐꾸기효과[3]를 불러오나, '달

---

3 뻐꾸기효과 : 러시아가 이민을 받아들이면 이민 인구는 날로 늘어나는 반면 러

힌 러시아'는 러시아 민족을 살리는 올바른 방법이다.

오늘날 무질서하게 러시아에 들어오는 이민노동자들은 생산경제 분야에서는 효율적이지 못하다. 그러한 이민자들은 러시아의 어마어마하게 큰 땅덩어리를 개발하는 데는 아무 소용이 되지 않는 노동력일 뿐이다. 러시아가 '제2차 국민 처녀지 개척 프로젝트'[4]를 시행하기 위해서는 다른 민족이 아닌 한민족의 제2차 이주가 꼭 필요하다.

왜 한국과 한국인인가?

왜 다른 민족은 안 되고 한민족만 받아들여야 하는가. 그 이유는 다음과 같다. 우선 한국은 자원이 없는 수출경제 체제이며, 효율적인 하이테크 경제다. 또한 한국 경제는 현실적이다. 고급 기

시아인 숫자는 그대로거나 줄어들어 소수 그룹으로 전락해 결국 러시아라는 둥지를 이민자들에게 내주고 둥자에서 내던져진다는 의미이다.

4 '제2차 국민 처녀지 개척 프로젝트' : 니키타 S. 흐루쇼프가 1953년 3월 스탈린 사후 중공업 중시 정책에서 벗어나 식량 위기 해결을 위해 제2의 곡창지대 개발을 제안했다. 아랄해 주변의 카자흐스탄과 우즈베키스탄이 제2의 곡창지대로 선정되고 일대 5만 제곱마일이 개발되었는데, 이를 '처녀지 개척 프로젝트'라고 불렀다. 1954년 여름부터 수확이 시작되고, 1956년에는 대풍작을 이루며 흐루쇼프는 경쟁자들을 제치고 권력의 정점에 서게 된다. 하지만 이 정책으로 카자흐스탄 북부 러시아인 약 80만 명의 이주와 함께 본격적으로 식민화하면서 1960년대 초에는 전체 인구 930만 명 중 러시아인이 43%, 카자흐인이 29%라는 기형적인 민족 구성을 초래하게 되었다.

술과 경영에 기반을 두고 있으며, 유럽이나 미국 경제와는 달리 서비스 경제라기보다는 다분히 물품을 생산하고 판매하는 경제라고 할 수 있다. 또한 한국은 천연자원, 특히 원유가 부족해도 안정적 성장을 지속해오고 있다. 경제규모가 세계 12번째 나라라는 점도 중요하다.

한국과 러시아는 이웃 나라다. 남북한을 합친 한반도 인구는 6천7백만 명에 달하며 러시아에도 고려인이 20만 명 정도 거주하고 있다. 따라서 한국 인구는 한·러 공생국가Symbiotic State 건립에 적절한 규모라고 할 수 있다.

러시아가 한국과 한민족을 선택해야 하는 또 다른 이유는 다음과 같다.

첫째, 한민족은 중국인들이 우려되는 것과는 달리 러시아 민족을 흡수하지는 못한다.

둘째, 한국은 러시아의 비어 있는 영토인 극동, 바이칼 호 동쪽 지역, 연해주, 시베리아를 개발하기 위해 필요한 노동력(2천500만~3천만 명)을 보유한 국가이다. 한국이 지닌 지정학적 가치를 이웃 나라들은 과소평가하고 있다. '동북아의 호랑이'로 불리는 한국은 현재의 위상보다는 동북아, 나아가 세계에서도 더 유력한 역할을 하고 싶어 한다.

셋째, 한국은 부존 천연자원이 빈약하기 때문에 경제가 튼튼하지 않다. 과거 일본·북한·중국과 맺었던 악연의 삼각관계를 감안하면 한국의 군사력은 더 보강돼야 한다. 따라서 한국은 겉으로 번영을 보여주고 있어도 사실은 '위기의 가장자리'에 있다고 할 수 있다.

넷째, 한국인들은 부지런하고 친절하며 평균 교육 수준도 높다. 이는 중앙아시아 공화국 이민자에 비하여 큰 장점이다. 또한 한국인들은 신앙에 대해 편견이 없는 민족으로 보인다.

다섯째, 가장 중요한 특징으로 한인공동체는 외국인을 흡수하려 하지 않는다는 점이다. 한인들은 다른 민족에 흡수되는 것을 거부하면서 자기 자신들도 다른 민족을 흡수하려고 하지 않는다는 것이 오히려 장점이 될 수 있다. 한인과 달리 중앙아시아 민족들은 자신의 공동체를 유지하면서도 외부인 즉 러시아인을 흡수하기도 한다. 따라서 '같은 물통에 들어 있는 물과 기름' 식의 한인과 러시아인 간의 협력이 역설적으로 양쪽 모두에게 바람직할 수 있는 것이다.

소비에트연방 해체 이후 러시아의 1990년대는 아주 괴로운 과도기였다. 흡수되었던 민족들이 새로운 형태로 이합집산하는 것은 물론 터부시되었던 유럽식 기독교에도 문호를 개방하는 등 혼란으로 점철된 시기였다. 경제 모델도 사회주의식 공산체제로부터 다시 서구식 자본주의로 회귀하려 하고 있다. 이러한 극단적인 체제 변화는 러시아의 경제적 빈곤과 출산율 급락을 초래하게 되었다. 앞서 언급한 것처럼 경제적으로 낙후한 후진국들의 인구는 증가하는 반면 선진국들의 출산율은 감소하고 있는 것이 일반적인 경향인데, 러시아는 저소득과 저출산율이라는 이중고를 겪는 세계에서 유일한 국가라고 할 수 있다. 2050년경이면 러시아의 핵무기는 노후화되고, 중국이 러시아 지역을 침략하거나 다른 방법으로 점거할 가능성이 있다는 견해가 있다. 이런 상황에서 러시아의 가장 자연스러운 동맹국이 될 수 있는 나라는 한국이다. 한국인의 자발적인 2차 극동 이주를 추진해야 할 이유도 여기에 있다.

한국인 이주를 설득할 수 있는 매력 포인트

러시아는 현재 원유 생산으로 외화를 크게 벌어들이고 있다. 이 외화로 러시아는 무엇이든 간에 세계 어디서나 언제든지 구매할 수 있다. 러시아는 석유 수출국 리더 중의 하나이다. 러시아는 가상적인 경제 현실의 영향을 받음으로써 미국 달러에 매달려 있다. 달러에 기반을 둔 서구식 금융체계를 변경하려면 러시아가 앞으로 이들 천연자원을 루블로 판매해야 한다.

사우디 역시 석유를 디나르로 판매하게 된다면 달러에 기반을 둔 금융체계는 무너지게 될 수도 있다. 이렇게 된다면 러시아는 강력한 제국으로 다시 태어나게 될 것이다. 미국의 금융파산, 즉 미국의 파산을 전 세계가 인정하도록 하기 위해서는 석유를 달러가 아닌 루블로 판매하기 시작해야 한다.

한국으로서는 이러한 만일의 경우에 대비한다는 측면에서도 러시아의 자원 개발에 일찌감치 참여하는 것이 미래에 대한 의미 있는 투자가 될 것이다. 우선 한국이 개발에 관심을 가져야 할 자원은 풍부한 석유, 천연가스(매장량이 아랍국가보다도 많을 수 있다)를 들 수 있다.

공생국가 모델을 위한 법률적 기반 구축

공생국가 모델은 현재 유례가 없는 동맹국가 형태가 될 것이다. 공생국가 모델을 비즈니스 세계의 모델과 비교해본다면 그것은 '법인과 법인 간의 제휴'와 같다고 할 수 있다. 각자의 동질성을 유지하면서 서로 강·약점을 활용해 보완하게 될 것이다.

이처럼 양국이 법인 차원이 아닌 국가 차원의 제휴 형태가 되기 위해 상호 내국민 대우 등의 법률적 기반을 마련한다면 실현이 가능할 것이다.

서양문명의 멸망이 피할 수 없다면 긍정적 요소로 바꿔야

전 세계 천연자원의 '수탈'을 바탕으로 성장한 서방 선진국들 때문에 러시아를 포함한 후진국들이 상대적으로 빈곤 상태에 놓이게 되었다. 전 세계 상품경제는 과대평가된 고급기술을 바탕으로 한 서구 경제를 견딜 수 없다. 가상적인 의식을 가진 서구문명이 사라져 가고 있는 것이다. 이른바 '10억 명의 백인Golden Billion'이 멸망해가는 이유는 현실과 대립하는 가상적 상황 때문이다. 서구 민족들은 경제 번영 조건에서 밀려나고 있는 것이다. 따라서 서구는 자신들의 글로벌 안락사 시나리오를 강요하면서 러시아를 상대적 빈곤 속에서 죽어가도록 돕고 있는 것이다. 이런 현실 속에서도 러시아와 한국은 매우 놀라운 저항력을 보여 왔다. 하지만 이런 저항력이 점점 약해지고 있다. 따라서 한국과 러시아의 구원이 우선 과제로 등장하는 것이다.

위의 공생국가 모델의 실행 방안 중 하나로 국제석유거래소를 모스크바에 설치하는 방안을 생각해볼 수 있다. 석유 판매 대금을 루블화로 결제함으로써 달러화 중심의 세계 경제구조를 다변화하는 것이 궁극적으로 선진국과 후진국이 공생하는 길이 될 수 있기 때문이다.

서구의 탈공업화 경제는 대부분 서비스, 관광, 엔터테인먼트, 쇼 비즈니스, 게임 비즈니스 등의 분야이다. 매음굴이나 게임 비즈니스는 수익에서 생산경제의 곡식 생산이나 콤바인 제작 사업보다 높은 수익을 낼 수는 있지만 생산경제는 실질경제이고 서비스는 보조경제 분야이다. 서양의 서비스 경제는 TV방송, 광고, 컴퓨터 등 시간을 판매하고 서비스를 바탕으로 하는 경제이다. 이와 같이 과도하게 발달된 서비스와 경제조직인 거래소로 인해 서양 경제, 특히 미국 경제는 무너지게 될 것이다. 서양 경제가 아직 무너지지 않은 이유는 러시아가 가지고 있는 실제 자원으로 붕괴를 예방해 주고 있기 때문이다.

팍스 차이니즈 모델식 세계화 양상

지금 우리는 세계의 지정학적 정치를 더 이상 유럽 중심주의 시각으로 보면 안 될 것이다. 앵글로색슨 민족들이 전 세계를 지배하는 시대는 끝났다. 팍스 아메리카나Pax Americana가 무너지는 것은 정치적인 이유에서가 아니라 급속한 인구 감소로 인한 것이다. 겉으로는 번영한 국가로 보이는 미국은 실제로는 민족이 없는, 사라져가는 국가일 뿐이다.

2005년 가을 미국에서 일어난 자연재해[5]는 '미국은 무엇인가'라는 질문을 명확히 던져주고 있다. 그 답은 '미국은 멸망 직전에 있다' 이다. 미국은 200년 전이나 다름없이 백인으로 구성된 노예 감독자와 흑인 노예라는 이분법으로 구분해볼 수도 있는 사회이기 때문이다. 미국은 5~7일 동안 전기가 나가면 국가 시스템이 붕괴될 수도 있는 나라로 보인다. 왜냐하면 미국의 질서는 전기와 백인 경찰관으로 유지되고 있다고 할 수 있기 때문이다.

이런 맥락에서 미국의 백인인구 비율이 50%선으로 떨어지는 2020~50년경 이후에는 멸망할 가능성이 높아진다고 할 수 있다. 이 무렵부터는 미국 내에서 남미 출신 주민과 백인 간의 갈등이 고조되어 시민전쟁이 벌어질 수도 있기 때문이다.

이 틈을 타서 세계의 중국화 추세는 더욱 거세질 것으로 예상할 수 있다. 새로운 팍스 차이니즈의 세계질서에서 중남미 국가들과 이슬람 국가, 그리고 인도 등이 중국에 버금가는 지위를 주장하는 형국이 될 것이다. 세계의 중국화와 유럽 민족의 멸망은 동시에 급속하게 진행하는 과정들이며, 새로운 팍스 차이니즈 시대에 모

---

5 2005년 8월 29일 허리케인 카트리나가 미국 남부를 강타해 루이지애나주 뉴올리언스가 침수하는 등 엄청난 피해를 가져온 재해를 말한다.

든 민족이 들어갈 수는 없을 것이다.

요즘은 돈보다 시간이 더 중요하다. 오늘날 러시아 민족의 생존 문제 또한 시급히 해결해야 할 문제라고 생각한다. 이 문제를 해결하는 방법은 두 가지가 있다. 하나는 우리 문제를 다른 민족들이 결정하게 하는 방법이고, 다른 하나는 우리가 직접 해결하는 방법이다.

우리는 러시아 여성들에게 아이를 5~6명씩 출산하라고 강요하지도 못하고 설득할 수도 없다. '인구동태학적 문제'에 대해 쓸데없는 논의를 하면서 귀중한 시간을 잃게 되면 우리의 인구동태학적 문제를 강국이 될 중국이 해결하게 될 것이다. 이 문제를 우리가 직접 해결하려면 우랄산맥 뒤쪽 비어 있는 땅을 채워야 한다. 인구동태학이 아니라 지정학이 러시아 민족의 생존을 보증할 수 있는 것이다.

제2차 러시아 이주는 한반도 통일에도 도움

21세기, 즉 팍스 차이니즈 시대는 사람의 머릿수가 힘쓰는 시대다. 우리가 팍스 차이니즈 시대에서도 살아남으려면 오래 생존할 수 있는 능력, 즉 사람의 머릿수를 갖추어야 한다. 민족과 국가의 생존은 그 자체가 역사적인 목적이고 새로운 정치의 내용이다. 넓은 집과 재산은 가졌으나 자식이 없는 사람처럼, 정치 내용에서 부(富)만 추구하는 민족들은 부를 두고 젊은 나이에 죽어가게 마련이다. 동방은 영리하게도 부를 거부하지 않으면서 서양과는 다른 길로 나아갔다.

한반도의 통일국가 부활은 러시아와의 공생국가 건립을 통해 도모할 수 있다. 이 공생국가는 합법적dejure일 뿐만 아니라 실질적de facto인 국가로서 기능하게 될 것이므로, 남한과 북한도 자연스럽게 교류와 협력의 단계를 넘어 '실질적인 통일de facto unification'이 가능해질 것이기 때문이다. 그렇게 되면 단순히 시베리아·극동지역 개발을 위한 이주 차원을 넘어 우랄 산맥에서 동쪽으로 뻗은 자우랄리예Zauralye: 모스크바에서 철도로 1500km 거리라는 지역에까지 수백만 명의 한국인이 이주할 수도 있게 될 것이다. 이 새로운 한국 이주민과 기존의 고려인들은 보다 넓은 땅을 개발하면서 한반도에서의 실질적인 통일은 물론 유라시아 대륙 동반부에서 서로 교류하는 '대륙국민'으로 거듭나게 될 수 있을 것이다.

이처럼 과거 콜호스 등 집단노동경제를 기반으로 유지되어 왔던 러시아 농촌과 광산 지역의 경제가 한국인들이 일궈온 노동과 자본 집약적 경제의 노하우와 결합되면 새로운 위력으로서 시베리아, 우랄 지역, 나아가 전체 러시아의 발전에 기여하게 될 것이다. 이러한 원동력을 얻기 위해 러시아는 이민정책을 바꾸어서라도 한국인의 이주를 적극 수용해야 한다.

결국 문제는 '부유하게 되었다가 몰락하고 말 것인가, 아니면 다소 빈곤하더라도 생존할 것인가' To be rich and dead or poor and alive 로 귀결된다고 할 수 있다. 지구의 서반구는 전자를 택했다고 할 수 있고, 동반구는 후자를 택했다고 할 때 동서 대륙에 걸쳐 있는 러시아의 선택은 무엇일까. 만일 러시아가 현재 취하고 있는 정책대로 인구는 감소하는데 이민 문호를 개방하지 않는다면 '빈곤상태에서 바로 몰락으로' To be poor and dead 연결될 것임이 자명하다.

따라서 러시아가 선택해야 하는 것은 '부유해지고 생존도 연장할 수 있는' To be rich and alive 길이라야 하며, 이를 위한 최선의 방책은 한민족(남한, 북한, 재외한인동포)과의 공생국가Symbiotic States 건립을 추진하는 것뿐이다. * (번역: 체흘로바 안나)[6]

---

6 안나 체흘로바: 러시아 노보시비르스크국립대학을 졸업하고 한국학중앙연구원 한국학대학 석사과정 수료.

"공생국가론은 러시아에서도 반응 좋아" [7]

— 수린 박사의 논문 '코리아 선언'에 대한 러시아 내 반응은 어떻습니까?

얼마 전까지만 해도 한·러 간의 협력관계는 미약한 수준이었습니다. 그것도 경제 분야에 한정돼 있었습니다. 내 생각에는 양국 간에는 부자연스러운 점이 있었습니다. 한국은 세계 11번째 경제 규모를 갖고 있습니다. 내가 '코리아 선언'을 집필할 때만 해

---

7 수린 박사가 평화통일재단이 주최한 초청강연회에 참석하기 위해 하루 전인 2008년 11월 27일에 방한해 조선일보 국제부 정병선 기자와 서울 메리어트호텔에서 인터뷰했다. 모스크바 특파원을 지낸 정 기자는 서울대 노어노문학과를 졸업하고 러시아 국립 모스크바대학원 언론학부 석사, 동 대학원 박사과정을 수료했다. 정 기자는 러시아어로 인터뷰를 진행했으며, 조선일보 11월 28일자에 '러시아가 살려면 한국과 손잡아야'라는 제목의 기사로 보도되었다.

도 한국이 세계 12번째라고 했습니다. 즉 한국은 역동적으로 발전하고 있으며, 앞으로 선진 9개국에 속하게 될 것이라고들 합니다.

하지만 한국의 존재는 지정학적인 공간에서는 실제로 눈에 잘 보이지 않습니다. 반면 최근 러시아는 무엇보다도 인구동태학적 문제가 대두됐습니다. 그리고 문명사적으로 왜곡된 면이 없지 않습니다. 러시아는 과거는 물론 지금도 자원과 그 잠재력, 예를 들면 군사적 잠재력, 특히 핵 잠재력 덕분에 지정학적 공간에서의 역할은 두드러지지만, 경제적 역할은 그에 비해 다소 뒤처져 있습니다.

'코리아 선언'은 이러한 배경을 연구하면서 나오게 됐습니다. 우리는 한국에 대해 전통적 방법으로 연구하지는 않았습니다. 한국학은 전문 연구소와 아카데미에서 연구하고 있기 때문입니다. 우리 연구소[8]가 문명적 관점에서 관심을 가지고 바라보면서 이러한 아이디어가 자연스럽게 도출되었습니다. 이런 관점에서 형성되기 시작한 중요한 개념은 다수준, 다단계 개념이라고 할 수 있습니다.

그리고 '코리아 선언'이라는 독트린이 발표된 후 러시아의 한 라디오방송에서 이를 소개했는데, 그 반응은 다양했습니다. 당시 러시아 극동 상황으로 볼 때 확실히 출구가 필요했고[9], 그 점에서

---

8 수린 박사가 소장으로 있는 '사회적 가치가 있는 문제 연구소' (모스크바 소재)를 말한다.

9 러시아 극동지역인 블라디보스토크와 하바롭스크 지방정부는 중국인들의 대규모 불법입국으로 골머리를 앓고 있다. 이들 지방정부는 중국인의 대거 이주로 장래 중국과 영토분쟁이 일어날 가능성을 크게 우려하고 있다. 여기서 '확

'코리아 선언'이 주장하는 논거에 대체로 동의하였습니다. 그리고 한국은 틀림없이 우리의 실질적인 동맹국임이 분명해지리라고 생각합니다. 한편으로 당시의 논문 출간은 일종의 '지적 쇼크'라고도 할 수 있었습니다.

'나르코티크(마약)'라는 라디오방송 프로그램에 소개됐을 때도 마찬가지였습니다. 지금은 '베스티 FM 24'로 바뀌었지만, 24시간 정보 프로그램으로 6천만 명 이상이 청취하는 방송입니다. 그 라디오방송에서 '코리아 선언'에 대해 1시간짜리 프로그램으로 방송했으며, 유명한 라디오 기자인 블라디미르 라페레가 생방송으로 진행했습니다. 그 방송을 통해 당시 러시아 사람들은 한국이 경제적 파트너뿐만 아니라 전략적 동맹국 역할도 할 수 있다는 점, 러시아의 인구 감소를 막고 영토를 보존할 수 있도록 도와주는 동맹국 역할을 할 수 있을 것이란 사실을 새롭게 발견했다고 할 수 있습니다.

'코리아 선언'에 나와 있는 주요 개념은 연합국가 건설입니다. 러시아 정부의 국가안보위원회나 외교부도 '코리아 선언' 내용을 알고 있습니다. 국가안보위원회 관계자와 '코리아 선언'에 관한 회동도 했습니다.

'코리아 선언'은 이미 러시아 각계에 영향을 주기 시작했습니다. 이 자료가 확산되면서 처음부터 이 아이디어를 널리 이야기해

실한 출구가 필요했다'는 말은 중국인의 불법이주에 대한 확실한 해결책을 찾고 있다는 말이다.

도 될 만한 상황이 된 것입니다. 이미 아이디어 자체가 스스로 굴러가면서 작동하고 있는 것입니다. 이것은 누군가의 정치적 주문도 아니고 정부의 정치적 독트린도 아닙니다. 나는 이 개념이 정립되었을 때부터 이미 생명력과 영속성을 갖게 될 것이라고 예견했습니다. 문제는 시베리아의 인구동태학적 문제를 등한시한 채 시간을 끌게 되면 시베리아와 극동지역을 정말로 잃게 될 수도 있다는 것을 권력을 쥐고 있는 러시아 엘리트들이 언제쯤 깨닫느냐는 것입니다.

이제 '전략적 파트너십'에 관해 말하자면 이는 자주 사용하는 용어이고, 잘 알려진 사실이며, 어떤 표준 공식으로 숨길 수 없는 것입니다. 어떤 특별한 관계로 대외 정책과의 일치, 조화를 전제로 하는 경제협력관계를 넘어선 것이라고 할 수 있습니다. 하지만 여기서 정치적인 협력관계만을 말한다면 진부하고 꽉 막힌 사고라고 생각합니다. 우리는 '문명적 프로젝트'에 대해 말하고 있는 것입니다. 나의 '러·한 공생국가론'은 한국의 주권도, 러시아의 주권도 상실하지 않으면서 실제적으로 한국과 러시아가 연합국가를 건설할 수 있게 해줄 프로젝트입니다. 그것을 만드는 것은 아주 간단합니다. '러시아와 벨라루스 연합국가'[10]와는 아주 다른 것입니다.

---

10 러시아와 벨라루스 연합국가 : 소련 해체 이후인 1996년 보리스 옐친 러시아 대통령과 알렉산드르 루카셴코 벨라루스 대통령은 정치·경제 및 군사적 통합을 위한 조약을 체결하고, 푸틴 대통령 시절에도 지속적으로 양국의 재통합 문제가 논의되었으나 현재 지체되고 있다.

— '러시아·벨라루스 연합국가론'과 '러시아·한국 공생국가론'의 차이점이 있다면 무엇입니까?

원칙적으로 차이가 있습니다. 문명적 공간의 관점에서 해석하고 접근하면 정치적인 모순을 극복할 수 있습니다. 한국과 러시아의 새로운 블록이 생긴다는 말도 아니고, 한국이 러시아의 구성원이 된다는 말도 아닙니다. 모든 사람이 이미 오래전에 잊어버린 것에 관한 이야기입니다. 가상공간, 정보공간, 정치공간 이외에도 살아 있는 물리적 공간이 있다는 것입니다. 우리가 문명적 공간과 물리적 공간의 두 수준을 연구해보면 지정학적, 지경학적 공간에서 일어나는 대규모 모순에서 벗어나게 될 것입니다.

어떻게 하면 될까요? 국가 정책을 국민에게 제공하는 것으로 충분합니다. 만일 공생국가라는 철학이 우리 엘리트들의 철학이 된다면 아주 가까운 시일 내에 양국의 물리적 공생도 가능하게 될 것입니다. 우선은 정치라는 의미입니다. 여기에서만 전략적 파트너십이라는 용어가 나옵니다.

다시 말하면, 공생국가를 건설하는 방식이 어떤 블록 체제가 아니더라도, 지정학적 측면에서는 특별한 신뢰와 특별한 기대를 걸고 양국이 협력한다는 것을 말합니다. 하지만 이 협력은 전혀 새로운 수준에서 이루어질 것입니다. 바로 한국의 지적, 기술적, 재정적 잠재력과 러시아의 거대한 자연 자원은 물론 지적, 공간적 잠재력을 결합하는 것입니다.

여기에서 아주 중요한 결과가 나옵니다. 즉 수평적이고 정치적

견지에서 벗어나면 우리는 한 가지가 아닌 총체적인 과제를 해결할 수 있게 됩니다. 남북통일이라는 과제도 어떤 방식으로 해결할 수 있는지 간단하나마 '코리아 선언'에 분명하게 설명되어 있습니다. 아주 간단합니다.

예를 들어 이 책상이 러시아의 거대한 물리적 공간이고 책상의 반이 자우랄리예와 시베리아라고 합시다. 이제 여기 남한 사람들이 살면서 자본을 투자하고 영토 이용에 따른 일을 하는 경제가 성장하는 지점이 있다고 가정해 봅시다. 또 1.5km 떨어진 곳에는 북한 사람들이 광산을 채굴하고 공단을 건설한다고 합시다. 이런 방대한 가능성과 문명적 공간, 게다가 자원까지 있다면 사상이라는 것은 다 사라지게 될 것입니다. 여기에 남북한 사람들이 머물게 될 것입니다. 남북한 사람들은 아주 일을 잘할 것이고, 공동 마을에서 함께 거주하게 될 것입니다. 이 점은 아주 중요합니다.

한 가지 더 있습니다. 질문에 전반적으로 답했으니, 이제는 러시아와 벨라루스 국가연합론과 대조해보고 싶습니다. 놀라운 사실이 드러날 것입니다. 나는 개념분석학의 관점에서 국가회의에 관한 텍스트를 썼습니다. 아주 오래전 일인데 최근에 이 아이디어를 발표했습니다. 나는 러시아와 벨라루스의 국가연합은 절대 탄생하지 않을 것이라고 썼습니다. 왜냐하면 개념 자체가 전적으로 정치적인 면에 있기 때문입니다. 연합국가라는 아이디어를 정치적 현실, 정치적 공간에서만 실현한다면 이 아이디어는 당초부터 무의미한 것이 됩니다.

왜 그런지 설명해보겠습니다. 연합국가는 하나의 국가입니다.

하지만 단순히 통일된 단일 국가가 아닙니다. 연합국가 형성 공식은 단순합니다. 1+1=1 국가는 훨씬 더 많을 수도 있습니다. 10개 국이라면, 1+1+1+1+…도 마찬가지로 1입니다. 이건 물리적 세계의 법칙입니다.

국가연합의 공식, 예를 들면 유럽연합EU은 회원국 수에 따라 1+1=2, 1+1+1=3 식으로 회원국이 몇 개국인가 하는 것으로 그 연합에 몇 국가가 속하는지를 알 수 있습니다. 알렉산드르 루카셴코 벨라루스 대통령은 무의미한 형태를 권유했습니다. 1+1=3 그런 것은 있을 수 없는 일입니다.

— 1+1=3은 무엇을 의미하는 것입니까?

러시아와 벨라루스 관계를 말하는 것입니다. 각국이 대통령과 예산이 있고 국제법의 주체가 된다면 어떤 방식으로든 독립적이면서 헌법, 예산이 있는 3번째 국가가 탄생될 수 있겠습니까? 다시 말하면 국가가 하나나 두 개여야 하는데, 이는 있을 수 없는 형태입니다. 즉, 이 공식은 무의미한 것입니다. 누구한테 이익이 되었는지는 정말 모르지만, 이 공식 밑에는 돈과 사상적인 작업이 들어갔을 것입니다.

우리 엘리트들의 견해를 보면 알 수 있는 것이 있습니다. 전임 대통령인 블라디미르 푸틴 현 러시아 총리는 이미 정권 말기에 벨라루스가 러시아의 구성원이 되는 것이 가장 적절할 것이라고 말했습니다. 저도 그렇게 생각하며, 양국 국가연합을 만들 수도 있습니다. 하지만 연합국가는 15년 동안 존재하고 있습니다. 그게 무의미하다면, 우리에게는 한국과 러시아의 현실적인 국가를 만들 수 있는 방대한 가능성이 있습니다. 왜냐하면 이 공간에서 작전 행동을 하지는 않을 것이며, 우리는 숫자 놀음을 하지는 않을 것이기 때문입니다. 우리는 아주 단순한 것을 만들자고 제안하는 것이고, 문명적·물리적 공간을 통해 상호 잠재력을 이용하고 완전히 새로운 지정학적 수준으로 나아가자는 것입니다. 국가 체제 통일을 통해서 말입니다. 내 여권이 한국에서도 통용되고, 당신 여권이 러시아에서도 통용되게 되는 것입니다. 이게 전부입니다.

— '코리아 선언' 발표 후 러시아 정부 및 학자들의 반응은 어떠했습니까?

'코리아 선언'에 대해서는 러시아 외교부에서도 알고 있으며 서면으로 저에게 회신해왔습니다. '코리아 선언'은 새로운 방향, 대한국 정책의 새로운 접근 방법이 되어야 한다는 답변이 온 것입니다. 하지만 문제는 어디에 있을까요. 우리가 '코리아 선언'에 서술되어 있는 아이디어에 대해 말할 때 복잡한 것은 무엇일까요? 나는 구체적인 일에 대해 말하려고 하는 것이지 논의나 동의한 내용을 말하려 하는 것이 아닙니다. 우리는 그런 상황에 있습니다. '암묵적 다수결'이라는 표현을 아십니까? 같은 것입니다. '암묵적 동의'라는 말이 있어요. 어떤 자극이 필요합니다. 구체적인 작업이 시작되도록 하기 위해서입니다.

나는 새로운 상황에 놓이게 되었습니다. 나는 책상에서 일하는 사람인데, 제 아이디어가 얼마나 유익하고 전망이 있는 것인지 알려졌습니다. 내 자료에 대해서 말하기 뭐 하지만, 정말 내가 이것을 썼을 때 이 아이디어가 러시아에 도움이 될 것이라고 예상했으며, 그렇게 될 것이라고 확신합니다.

그런데 한국은 정말 현실적인 동맹국입니다. 소련 시절에 있었던 어떤 에피소드[11]를 제외하면 우리 양국 관계는 좋았다는 점에서 유추해볼 수 있습니다. 과거에 한국인들의 자발적인 이주도 있었습니다. 양국 간에는 어떠한 분쟁도 없었습니다.

하지만 또 한 가지 아주 심각한 사실이 있습니다. 지난번 한국에 왔을 때[12] 국가안보연구소에 갔었는데, 내가 잘못 알고 있는 것인지 모르지만, '남북통일연구소'라는 곳에서 온 관계자들이 있었습니다. 우리는 세미나를 통해 대화했고, 거기에서 한반도 비핵화가 필요하다는 등의 이야기가 있었습니다. 강연회가 끝날 때쯤 간단한 질문을 하나 던졌는데, 그것은 남북통일의 철학은 무엇인가 말씀해 달라는 것이었습니다. 어떤 이념이 연구소의 토대가 되는 것인지, 다시 말하면 세미나에서 열거한 것은 통일로 이끄는 수

---

11 1983년 9월 1일, 뉴욕을 출발하여 앵커리지를 경유해 서울로 향하던 대한항공 007편 보잉747 여객기가 사할린 부근 상공에서 소련 전투기의 미사일에 격추된 사건을 말한다.

12 수린 박사는 모스크바 주재 한국대사관의 주선으로 2007년 가을 국제교류재단의 '차세대 지도자 방한 프로그램'에 따라 최초로 서울을 방문했다. 그는 이 자리에서 관계자들과 '코리아 선언'에 관해 대화를 나누었다고 밝히고 있다.

단이 되어야만 하는데, 통일의 철학과 그것을 하고자 하는 근거는 무엇인가 하는 질문이었습니다.

오늘은 내가 검증할 수 있습니다. 북한은 2008년 11월 24일 '12 · 1 조치' 성명[13]을 발표하면서 실질적인 교류 사업이 중단되고 있습니다. 이는 '자유민주주의 체제에서의 통일'을 언급한 이명박 대통령의 발언에 대한 반발로, 미약하나마 지속되던 남북 교류가 경색되어 교착상태에 있는 것입니다.

— 박사의 이론이 현실화할 수 있을 것이라고 생각합니까? 지금 남북한 양국은 아주 어려운 상황입니다. 이런 가운데 한 · 러 공생국가가 가능하겠습니까. 북한을 제외하고도 한 · 러 공생국가 건설이 현실화할 수 있겠습니까?

남북한 간의 통일과 남북한과 러시아의 통일에 대한 질문이 되겠는데, 내 생각을 설명해 드리겠습니다. 과거 한반도 역사를 보면 삼국시대 때가 가장 안정적이었습니다. 다시 말하면 세 나라가 있었으며, 그 당시 한반도에는 통일된 국가가 존재하지 않았습니

---

13 '12 · 1 조치' 성명 : 북한은 남측 민간단체들의 대북 전단(삐라) 발송 등을 문제 삼으며 개성공단과 금강산을 오가는 군사분계선 통행 제한 가능성 등 여러 차례 대남 위협을 반복한 끝에 2008년 12월 1일자로 개성관광과 경의선 열차 운행 중지, 개성공단 내 필수요원을 제외한 인원 철수, 개성 입주기업 외 육로 출입 차단, 남북경제협력협의사무소 폐쇄를 주요 내용으로 하는 '12 · 1 조치'를 발표했다.

다. 삼국, 즉 세 힘은 서로 대립되지 않고 공존했고, 이 삼국은 최상의 국가 체제와 한민족의 공존을 보장하고 있었습니다. 그러나 이 세 나라가 통일된 후에는 어떻게 됐습니까? 한 국가체제의 종말이었습니다. 자, 그럼 이 모든 사실을 통해서 어떤 결론을 내릴 수 있겠습니까? 한국에는 특별한 역사적인 길이 있다는 것입니다. 그리고 한국이 어떤 지정학적 상황에서 존재해왔는지 살펴보면, 중국과 러시아, 일본 사이에 있어 왔습니다. 그래서 저는 이런 지정학적인 거인들, 괴물들 옆에서 한국이라는 국가체제가 존속되고 있다는 사실 자체가 이미 어떤 지정학적인 기적이라고 말하고 싶습니다.

— 러시아가 왜 일본이나 중국이 아니라 한국과 연합해야 한다
  고 생각하게 됐는지요.

한국을 선택한 논거가 어디에 있느냐고요? 첫째로 인구동태학적인 논거입니다. 러시아가 시베리아 영토로 중국인들을 불러들인다면, 그것은 시베리아와 연해주 영토의 상실을 의미하는 것입니다. 중국의 인구는 약 15억명이기 때문입니다. 현재 세계 경제는 전통적인 영향력을 갖고 있는 미국과 유럽이 그 경제적 지위를 양보하고 중국의 수출경제라는 메커니즘에 따라 움직이고 있습니다. 이건 그야말로 재난입니다. 7천만 인구의 한국이 자원 없는 수출경제로 간다면, 또 1억 인구의 일본이 자원 없는 수출경제에 가담한다면 마찬가지 상황이 벌어질 것입니다. 15억 인구의 중국이

똑같은 경제 모델인 자원이 없는 수출경제를 만든다면 분명히 입에 담고 싶지는 않지만 자원 확보를 위한 영토 침략과 같은 일이 일어날 것입니다. 자원을 그들의 통제 아래 두려는 시도가 분명히 있을 것이며, 이것은 러시아에 큰 위협입니다. 이 위험성이 매일 커지고 있습니다. 그렇기 때문에 중국은 (러시아의 공생국가 논의 대상국이) 아닙니다. 그러면 일본은 어떤가요. 일본은 최고통치자인 천황에 대해 군주가 아니라 여러 나라 왕을 거느리고 있는 황제라고 말합니다. 일본은 정말 제국이 맞습니까. 일본은 단일민족국가 체제이며, 도서국가로서 타국에 의해 식민통치를 받은 적이 없습니다. 다시 말해 일본을 제국이라고 말하면 안 됩니다. 더구나 황제 국가의 자존심이 있습니다. 그 자존심은 군주국가 형태로 존재하고, 인접 국가와 영토분쟁을 벌이고 있습니다. 물론 일본도 대안이 아닙니다. 한국입니다. 한국뿐입니다.

— 이번 강연회의 발표 요지를 말씀해 주십시오.

물론 국가연합, 즉 한국과 러시아의 공생국가를 만드는 것에 대해 설명할 것입니다. 그리고 그 주제 속에 한반도 통일에 대한 생각도 밝힐 것입니다. 저는 강연회에서 3개의 단일화된 한국, 즉 '삼위일체의 한국' 이라는 개념을 말하려고 합니다. 어떤 개념인가 하면, 좀 엉뚱하게 들릴지도 모르나 한국은 통일할 필요가 없다고 생각합니다. 한국은 이미 단일민족으로 통일되어 있습니다. 한국을 남한과 북한, 그리고 한국인 디아스포라diaspora[14]로 단일화된 한국으로 봐야 한다는 것이 내 생각입니다. 이 통일된 한국은 달리 존재할 방법이 없습니다. 현재의 상태가 한민족에게 가장 적합한 존재 방식입니다.

흥미로운 점은 완전히 자원이 없는 가난한 나라이자, 미국과 직접적으로 대립하고 있는 국가인 북한이 핵 기술을 만들었다는 것입니다. 동시에 한국은 잠재력이 있지만, 핵 기술을 만들어내지 않았습니다. 이 패러독스를 근거로 우리는 무엇에 이르게 되겠습니까. 예를 들어 김정일이 '통일'이라는 단어를 듣게 된다면 기분이 좋지 않을 것입니다. 그러나 만일 '우리는 언제나 하나였다'고 말하고, 우리의 단일성, 다양성에 관해 말한다면 결과는 완전히 다를 것입니다.

다시 말하면, 통일에 대해 말할 필요가 없다는 것입니다. 현재의 상태가 한민족 최적의 존재 방식이라고 보는 것입니다. 인접성의 예를 들어 설명해 드리겠습니다. 중국, 일본, 러시아와 인접해 있어서 어떻게 되었습니까? '계란은 한 바구니에 담을 필요가 없다'는 말입니다. 한 국가가 멸망하면 다른 한 국가가 살아남고, 두번째 국가가 멸망하면 첫 번째 국가가 살아남을 겁니다. 당치도 않은 일이지만, 결국 두 국가가 모두 멸망할지라도 다른 나라들과 잘 적응한 민족의 일부가 살아남을 것입니다.

그렇게 한국 디아스포라를 만들었습니다. 이런 식으로 한국의

---

14 한국인 디아스포라 : 해외에 흩어져 살고 있는 한인 이민자를 말한다. 고려인, 사할린 한인, 재일 한국인, 재중 한국인, 한국계 미국인이 여기에 해당된다.

현실적인 통일이 시작될 수도 있습니다. 어떤 도식을 생각해낼 필요가 없습니다. 사상을 치워버리고 철학과 문명 수준을 이용해야 합니다. 그때에는 한 나라가 다른 나라를 삼켜버리거나 김정일 체제가 사라질 것이라는 사상적인 혹은 정치적인 우려는 어느 누구도 하지 않게 될 것이라고 확신합니다. 모든 것이 완전히 다르게 될 것입니다.

— 베링 해협을 연결하자는 프로젝트를 어떻게 생각합니까.

베링 해협 프로젝트[15]는 일종의 성장점입니다. 일종의 자극 impulse이 나오는 행동의 시나리오로서, 구체적인 행동이 필요합니다. 이제 무엇을 해야 하는지 말하자면, 어떤 건설이나 설비라든지 모든 현실적·물리적 행동에 정확한 원칙doctrine이 있고, 어떤 사건이 그 내면에 사상과 문명적 철학, 지정학적 구성요소를 내포하고 있다면 이 모든 것이 다르게 이해될 것입니다. 베링 해협에 건설되는 해저터널은 단순한 기술적인 설비가 아닙니다. 이것은 마트료시카[16]를 마트료시카에 넣는 것과 같은 개념의 프로젝트입니다.

---

15 베링해협 프로젝트 : 베링 해협에 해저터널 또는 교량을 건설하여 러시아와 미국의 기존 교통망과 연결하여 전 세계 동반구와 서반구를 하나의 육상교통망으로 통합하고자 하는 메가 프로젝트. 그동안 여러 사람이 관심을 가져왔고, 2005년 9월 12일 문선명 총재가 세계평화운동의 일환으로 베링 해협 프로젝트 추진을 공식 선언했다.
16 러시아의 전통 인형, 1890년 자고르스크(세르기예프 포사드)에서 처음 만들어진

― 베링 해협 프로젝트에 대해 전부터 고민해왔습니까?

베링 해협에 대해 고민해 왔다기보다는 그동안 시베리아 문제를 연구하면서 관심을 갖게 되었습니다. 저는 이 프로젝트를 구체적으로 연구한 사람은 아닙니다. 그러나 베링 해협 문제는 제가 연구해온 과제 가운데 중요한 사안이라고 볼 수 있습니다. 왜냐하면 시베리아의 개발, 즉 '한·러 공생국가론' 과 연관성이 있기 때문입니다. '코리아 선언' 을 통해 저는 한민족의 시베리아 진출로 실질적인 남북통일이 가능하다고 말했지만, '통일' 이라는 단어는 북한에서는 완전히 반대의 반응을 일으키는 것이 현실입니다.

'베링 해협 터널', '코리아 선언', '3개의 단일화된 한국' 이라는 개념은 통일된 하나의 묶음으로 생각해야 합니다. 한국과 러시아가 공생국가를 형성한다고 하더라도 러시아·벨라루스 연합국가의 길을 따라가면 안 됩니다. 만일 이러한 구상을 성사하기 위해 돈을 쓰게 된다고 하더라도 우리가 생각하고 있는 공생국가는 절대로 생기지 않을 것입니다.

― 모스크바 사범대학을 나왔다고 들었습니다. 그렇다면 오랫동안 한국 문제를 연구한 겁니까?

마트료시카는 큰 몸체의 인형 속에 조금 작은 인형들이 반복해서 들어 있는 구조로 돼 있다. 러시아의 한 장인이 일본 인형을 본떠 만든 것으로 알려져 있다.

저는 결코 전문적으로 한국에 대해 연구한 적은 없습니다. 개념 분석학 분야의 연구와 현실적인 문제, 무엇보다도 러시아의 인구 동태학적 문제가 자연스럽게 한국과 '코리아 선언' 이라는 아이디어로 인도했습니다. 저는 한국학 연구자는 아니지만 한국 연구가 저에게 도움이 되었다고 생각합니다. 패러독스처럼 들리지만 도움이 되었습니다.

한국은 아카데미 차원에서는 연구가 되고 있지만, 현실적인 정치 무대에서는 존재하지 않는다는 것을 깨닫게 되었기 때문입니다.

그리고 놀라운 사실은 북한 당국이 성명을 발표할 때나 특별한 행동을 할 때 러시아 언론에서 이를 보도하고 있습니다. 역설적이지만, 러시아에서 한국과 관련한 보도는 북한이 뭔가 하고 있을 때에 나옵니다. 한국에서 무슨 일이 일어났는지 알 기회는 거의 없습니다. 이것은 지정학적 주체로서, 심지어 지경학적 주체로서의 한국이 상당히 과소평가되고 있다는 것을 뜻합니다.

지경학적 주체로서 한국을 언급하는 데는 역설적인 것이 있습니다. 삼성, LG, 현대는 모든 사람들이 알고 있습니다. 이 회사들이 한국계 회사라는 건 알고 있지만 러시아에서는 이런 회사들을 보고 한국을 연상하지 않습니다. 세계적인 기업으로만 알고 있으며 한국에 대해 아는 것은 많지 않습니다.

다시 말하면, 한국은 상당히 과소평가되었기 때문에 현실적인 문제에서 태동한 아이디어가 문명적 차원에서 접근하면서 가장 자연스러운 상태의 한국과 러시아의 공생국가 개념으로 연결된 것입니다. 즉 '한·러 공생국가론' 은 한국학에서 나온 이념이 아니라 개념분석학에서 나온 이념입니다.

— '코리아 선언'이 게재된 '폴리티체스키 클라스'는 어떤 잡
　지입니까.

'폴리티체스키 클라스'는 월간 정치평론지로 러시아에서 100
명의 가장 영향력 있는 정치가들이 구독하고 있습니다. 구독 대상
정치가들의 명단은 정부 부처인 사회부에서 매달 지정합니다. 푸
틴 총리, 메드베데프 대통령의 경우 항상 100순위 안에 들기 때문
에 매달 특급 택배로 이 잡지를 받아보고 있습니다. 러시아의 정
치 엘리트들이 '폴리티체스키 클라스'를 가지고 논의하고 있다고
확실하게 말할 수 있습니다.

— 끝으로 하고 싶은 말씀은?

'코리아 선언'이라는 독트린은 코멘트도 아니고 시사 뉴스도 아
닙니다. 이것은 아주 가까운 세기에 한국과 러시아를 위한 문명적
프로젝트임을 강조하고 싶습니다. 저는 이 프로젝트를 믿습니다.

— 오늘 질문에 잘 답변해주셨습니다. 감사합니다.

감사합니다. 우리 연합합시다. (웃음) *

"시베리아가 한민족을 부르고 있다"

— 러시아의 인구 감소는 어느 정도 심각합니까?

러시아의 인구 감소[18]는 매우 심각하고 현실적 과제입니다. 현

---

17 이 인터뷰는 2008년 11월 28일 서울 메리어트호텔에서 세계일보 정성수 기자와 월간조선 권세진 기자 합동으로 이뤄졌다.11월 29일자 세계일보와 2009년 1월호 월간조선에 각각 "한·러 '공생국가' 이뤄 위기 타개를"과 "시베리아 자원 개발 통해 한·러 共生국가 만들자"라는 제목으로 보도되었다.

18 러시아의 인구 감소 문제: 2006년 러시아는 유엔으로부터 "2050년이 되면 현재 1억4천만 인구가 3분의 1로 줄어들 것"이라는 '시한부 선고'를 받은 바 있다. 당시 블라디미르 푸틴 대통령은 러시아가 직면한 가장 심각한 위기로 저출산 문제를 꼽으면서 10개년 계획을 세워 출산을 장려하겠다고 밝혔다. 특히 무슬림 인구가 슬라브 인구에 비해 불균형적으로 증가하면서 정치 현안이 되고 있다. 여기다 150만 명에서 200만 명으로 추산되는 불법 중국 이주민 역시 인구 위기론을 부추기고 있다

재 유럽 민족의 현안이 되고 있는 것처럼 이 문제는 글로벌화하고 있습니다. 그러나 유럽 전역에서 인구 감소 문제가 아무리 심각하게 대두된다고 하더라도 러시아보다는 쉽게 해결할 수 있습니다. 그 이유는 유럽 경제 구조가 매우 효율적으로 움직이고 있기 때문입니다. 비록 재정적으로 난관에 봉착한 순간도 있었지만 유럽의 총체적인 경제 메커니즘은 잘 돌아가고 있습니다. 새롭고 수준 높은 전문성을 갖춘 노동력이 계속 공급되는 방향으로 돌아가고 있습니다.

그러나 이 과정에서 유럽인들이 교체되는 과정을 목격할 수 있습니다. 러시아는 마치 리트머스 시험지의 표시 지표와 같습니다. 유럽인들이 소멸하고 있는 것을 정확하게 보여주고 있습니다. 그런데 문제는 러시아의 인구 감소가 비단 인류학적 차원에서뿐만 아니라 러시아 영토를 보전하는 데 큰 어려움을 주고 있다는 것입니다.

— 영토 보전 문제는 주변국으로부터의 보전을 뜻합니까?

이 질문은 매우 중요하고 근원적입니다. 대답하기에 앞서 몇 가지 짚고 넘어가야 할 것이 있습니다. 이 문제를 연구하고, 실제로 해결하기 위해서는 문제의 초점이 무엇인지 정확하게 이해해야 합니다. 오늘날 두드러진 것은 대부분 정부와 국민의 삶이 정치와 동일시되고 있다는 사실입니다. 그러나 정치와 실제 삶이 완벽하게 하나된 것처럼 보이지만, 실제로 국민의 삶은 다양한 이면을 가지고 있습니다. 지금 우리는 국민과 정부의 다양한 이면이 외면당하고 있는 현실을 보고 있습니다. 시간이 흐를수록 외면당한 이면이 실패와 이해 부족으로 치닫고 있습니다.

먼저 '인류학 문제' 나 '인류학 붕괴' 라는 개념은 부정확한 명제이며, 겉면만 보는 것이라는 점을 말하고 싶습니다. '인류학' 은 '지질학' 과 마찬가지로 기술하는 학문입니다. 사실을 있는 그대로 서술할 뿐인 우리 인생에 영향을 미칠 수도 없습니다. 제가 말씀드리는 명제에 학술적 의미를 부여하자면 매우 거칠고 두렵기까지 하지만 '유럽 민족의 멸망' 을 말하는 것입니다. 이 문제는 글로벌 차원의 문제일 뿐만 아니라 문명적 내용을 지니고 있습니다. 문제의 초점을 문명에 맞춰 연구를 진행할 때 그 문제의 주안점을 이해할 수 있으며, 나아가 문제를 극복할 해결점을 찾을 수 있습니다.

유럽 민족의 멸망이라는 문제를 이해할 수 있는 가장 중요한 요소는 이 문제가 비단 유럽에서뿐만 아니라 한국, 일본, 싱가포르, 태국과 같이 고급 기술문화가 발달한 다른 지역에서도 어김없이 발생하고 있다는 사실입니다. 나라마다 다른 문화와 전통을 가지고 있음에도 빠른 속도로 기술과 경제가 발달한 나라에서는 다 같은 문제를 안고 있습니다. 각국은 기술과 경제가 발달하면 할수록 그에 따르는 부작용이 나타나는 것입니다.

— 러시아는 인구 감소로 어떤 상황에 처해 있나요?

매우 광범위한 문제이지만 간략하게 답변하겠습니다. 이 주제를 가장 잘 보여주는 것은 유럽의 두 민족인 알바니아인과 세르비아인의 출생률을 대조한 그림입니다. 코소보 사태와 독립 선언을 여러 관점으로 해석할 수 있지만, 내가 주목한 사실은 이 사태의 본질을 인식하지 못하고 있다는 것입니다. 반세기 전만 하더라도 코소보의 세르비아계와 알바니아계 사이에는 아무런 문제도 없었습니다. 오늘날 우리가 목격하는 단순하지만 현실적인 문제는 알바니아의 대가족 형태가 지정학적으로 중요한 역할을 했다는 것입니다. 세르비아인 가족의 평균 자녀 수가 2인 이하라면 알바니아인은 6명 이상이라는 것입니다. 알바니아인 중에는 자녀 수가 12명인 가정도 어렵지 않게 찾아볼 수 있습니다.

오늘날 일반적 관념에서 살펴보더라도 '인류학' 은 단순한 의학 혹은 생물학의 한 부분으로서 단지 사실을 기술한 학문이 아니라 민족 생활상의 표본이라고 정의할 수 있습니다. 인구 통계나 출생률은 실상 민족 생활상의 기본이 됩니다.

정부에 대해 정의하면, 주류는 영토와 국민입니다. 고도로 발달한 경제생활을 누리면서 살고 있는 우리는 전통적이고 경제적으로 어려웠던 지난날에는 어렵지 않게 해결했던 문제들도 극복하지 못하고 있는 상황입니다. 알바니아인과 세르비아인의 상황을 대조해 보았을 때라야 우리는 비로소 러시아와 중국의 상관관계도 명료하게 이해할 수 있었습니다.

저는 이것이 정치적 대격돌이나 전쟁을 일으킬 만한 요소가 된다고 생각하지 않습니다. 굳이 해명하자면, 발칸 여성들이 '아기 낳는 기계' 로 불리면서까지 영토 문제를 해결했던 것처럼, 알바니아와 세르비아 간의 관계를 보는 것입니다. 현재 러시아의 출산율은 겨우 1을 넘어서는 수준인데 그런 출산율로는 자기 영토를 지킬 수 없음을 말씀드리는 것입니다.

— 지금 러시아에 많이 들어와 있는 외국인들은 어느 나라 사람들입니까?

러시아 이주민은 대부분 전문성이 낮은 옛 소련 지역과 남부지역 사람들입니다. 현재의 이주민으로는 러시아가 당면한 문명 프로젝트를 수행하지 못합니다. 대부분 서비스직이나 장사 혹은 보조 업무를 하고 있으며, 이들은 러시아 영토에서 기반시설을 구축하고 있습니다. 이주민 수가 늘어나 러시아인들과 경쟁 관계를 이루거나 수준이 더 상승하면 러시아인들이 이주민들로부터 추방되는 일이 발생할 수도 있습니다.

러시아 이주민들은 현재 전문성이 낮아 문제가 되지 않지만, 언젠가는 러시아를 그들 집단으로 만들 수도 있습니다. 전문직 종사자들은 과잉 생산되고, 러시아는 이주민 모두를 그 자리에 앉힐 수 없기 때문에 그저 그 수만 불리는 형국이 전개될 수 있습니다. 따라서 이러한 문명의 문제를 해결하기 위해서는 반드시 '공생 연합정부'가 필요합니다.

저는 특히 '공생'이라는 단어를 강조합니다. 한국과 러시아는 반드시 손을 잡아야 합니다. 연합정부를 구축했을 때 얻을 수 있는 이점은 무한합니다. 인류학적 문제는 러시아나 한국 모두 체험

하고 있으며, 러시아는 거기에 더해 영토 보전 문제가 있습니다. 이러한 현실을 감안하여 당면한 문제의 해결 방안을 찾을 수 있습니다. 인구 감소 문제가 러시아뿐 아니라 한국에서도 발생하는 상황이라면, 한국인들이 러시아로 이주한다고 하더라도 그 인구가 러시아를 차지할 정도로 불어나지는 않을 것이기 때문입니다. 한국인의 이주는 중국인과는 달리 러시아 영토를 점령하게 될 우려가 없습니다.

현재 러시아나 유럽에 널리 퍼져 있는 이주민들과는 달리 한국인의 러시아 정착은 매우 안정적이고 희망적으로 보입니다. 우리는 제2차 세계대전 후 한국의 고속성장을 눈으로 보아왔으며, 특히 전쟁으로 황폐한 나라의 발전을 위해 한국인들이 이루어 놓은 성과는 가히 눈이 부시다고 할 수 있습니다. 한국인의 근면성과 정신력이야말로 연합정부를 구축할 수 있는 힘이 됩니다.

앞에 열거한 이유 외에도 한국이 이 문명 프로젝트를 함께 이끌 파트너가 되어야 할 논거들은 많습니다. 한국과 러시아가 함께 손잡을 때 양국이 안고 있는 문제도 함께 해결할 수 있습니다. 거대한 영토를 세운다는 것은 이제까지 고도 기술을 보유한 작은 나라에서는 전혀 볼 수 없었던 새로운 복합경제 모델을 필요로 합니다. 이 모델은 집약적이면서 광범위한 형태가 결합된 복합구조이며, 새로운 영토 내에 기반시설을 확장하는 것입니다.

그럼 이 모델이 어떻게 경제를 살릴 수 있을까요. 경제 모델이 광범위하게 자리 잡게 하기 위해서 할 수 있는 가장 손쉬운 방법은 가정에 많은 자녀를 두는 것이며, 이는 전 인류사에서도 필수불가

결한 조건입니다. 출산장려정책을 펴지 않고서는 경제성장을 기대할 수 없습니다. 스위스와 프랑스 같은 국가에서는 고액의 출산장려금을 지원하고 있습니다. 그러나 프랑스에서는 이 출산장려금으로 모로코, 알제리, 아랍의 여성들만 열두 명씩 자녀를 낳아잘 이용하고 있을 뿐 프랑스인의 출산율에는 전혀 영향을 미치고 있지 않습니다. 지금 프랑스가 이슬람화하고 있는 것을 볼 수 있습니다. 프랑스의 인구 구성원이 바뀌고 있습니다. 여기에서 가족 전통 모델과 광범위한 전통적 경제 모델의 양면을 살펴볼 수 있습니다.

따라서 양국의 인구 감소 문제를 굳이 문화 양상을 깨거나 전통적인 가족 형태로 회귀하지 않으면서도 해결할 수 있는 방법은 광범위한 경제 모델을 확립하는 것입니다. 여기서 강조하고 싶은 말은 지리경제학과 지정학의 두 단면을 절대시하게 되면 문명적인 측면과 물리적인 측면은 완전히 무시된다는 것입니다.

한국에서는 거대한 선박이 제작되고 있습니다. 선박 한 척을 구입하려면 오랫동안 기다려야 한다는 사실을 알고 있습니다. 또한 전자제품과 자동차 사업도 대규모로 벌어지고 있습니다. 그렇다면, 이 모든 것은 누구를 위한 것입니까? 후손이 감소하고 있는 지금 누구에게 이 모든 걸 넘겨줄 것입니까?

한국은 일본의 전철을 그대로 밟고 있습니다. 일본은 지금 고령화 현상이 지배하고 있습니다. 이 현상은 사실 일본 민족의 멸망을 가속화하고 있는 것입니다. 아무리 오래 살더라도 10년 후 일본의 노령인구는 죽게 될 것이며, 이는 일본의 거대한 인류학적 문제로 대두되어 국가 전체에 큰 영향을 미치게 될 것입니다.

러시아도 마찬가지입니다. 러시아는 거대한 천연자원과 드넓은 영토를 보유하고 있으며, 재주 좋은 민족이 살고 있어서 다른 나라에서는 만들지 못하는 것을 만들어내고 있습니다. 알다시피, 러시아는 세계 최초로 인공위성을 쏘아 올렸습니다. 그러나 민족이 멸망하게 되면 이 모든 것을 누구에게 남겨야 할까요? 경제를 위한 경제를 절대시해서는 안 됩니다. 성경에는 "사람이 안식일을 위해 존재하는 것이 아니라, 안식일이 사람을 위해 있다"는 내용이 나옵니다. 이는 "사람이 경제를 위해 태어난 게 아니라, 사람을 위해 경제가 존재한다"는 뜻과 일맥상통합니다.

따라서 정치적인 방법으로는 문명 세계 앞에 놓인 인구 감소와 같은 문제를 해결할 수 없습니다. 그러나 문명 프로젝트에 초점을 맞추고 실행한다면, 우리가 안고 있는 문제를 해결할 기회가 있습니다. 우리의 통일은 반드시 공생 정부 범위에서 이루어져야 함을 강조하고 싶습니다. 또한 자연스럽고 물리적인 공생관계여야 하는 것이지 국제사회에 권리를 내세울 새로운 주체자가 생긴다는 것은 아닙니다. 우리는 교량 역할만 하게 되는 것입니다. 우리가 편협한 정치 영역만 벗어날 수 있기만 하면 러시아와 한국의 공생 연합정부를 구축하기 위한 긴밀한 연계를 역동적으로 전개해 나갈 수 있습니다.

한국과 러시아의 공생 연합정부를 창설하는 방법은 아주 간단하고 잘 알려져 있습니다. 한 · 러 민족 간에 똑같은 법칙을 적용하는 것입니다. 즉 상호 내국인 대우를 해서 한국인 신분으로 러시아로 이주하여 러시아인과 똑같은 권리를 가지고 살 수 있게 하는 것입니다. 러시아인도 마찬가지로 한국에 와서 한국인과 똑같은 권리를 가지고 살 수 있도록 하는 것입니다.

그렇다고 러시아인들의 대규모 이주를 걱정할 필요는 없습니다. 살인적인 경쟁 구도인 한국에 한국어도 모르는 러시아인들이 몰려와 직업을 구하기 위해 애쓸 것으로는 보이지 않습니다. 대신 "자연은 빈 상태로 유지될 수 없다"는 원리를 적용할 수 있는 러시아에, 광활하게 펼쳐진 광야로 한국인들이 마음껏 이주할 수 있도록 자리를 내어주는 것입니다. 이는 역사적으로 펼쳐졌던 고려인들의 대규모 러시아 이주와 같은 맥락으로 이해할 수 있습니다. 한민족의 제2차 러시아 이주를 우리가 먼저 제창하는 것입니다.

— 한민족에게 러시아 이주는 아픈 상처입니다. 그런데도 제2의 이주가 이루어지려면 러시아에 대한 신뢰가 있어야 할 텐데, 가능하겠습니까?

질문은 아주 적합하나, 시간이 흐른 만큼 관점을 다르게 보아야 한다고 생각합니다. 제 생각을 말씀드리면, 이전의 고려인들은 슬픈 현실로 인해 러시아로 이주할 수밖에 없었습니다. 그 당시 러시아 소수민족은 대부분 삼엄하게 철조망이 쳐 있는 강제수용소에 차출되거나 황망한 시베리아로 강제이주를 당했습니다. 카자흐인을 보십시오. 이들은 대부분 총살을 당하거나 시베리아로 유배되어 거의 대부분 멸망했습니다. 체첸 족이 처한 현실도 이보다

덜하지 않았습니다. 체첸 족은 러시아의 농업생산 현장에 자리 잡고 있었으나, 러시아인들은 폭력을 행사해 그들의 땅을 빼앗고 강제로 헐벗은 땅으로 추방했습니다.

이것은 모두 러시아 역사입니다. 그 당시에 고려인들만 박해를 받은 것이 아니라 시대가 러시아를 척박하게 만들었을 뿐입니다. 그 당시 잔인했던 러시아 지도자들은 이미 그 자리를 떠났습니다.

— 한·러 공생국가 건설 아이디어에 대한 러시아 국민들의 생각은 어떻습니까?

아주 생산적인 질문입니다. 상황을 정리해서 설명해 드리겠습니다. 우선 3년 전 저의 인생을 새롭게 바꾼 논문이 출현했습니다. 제 소견으로는 '코리아 선언'의 이상과 한·러 공생정부 설립은 제가 이 선언의 제안자여서가 아니라 반드시 실현 가능하다는 것을 말씀드리고 싶습니다.

이 이상은 우리가 살고 있는 세계에 이미 잠재하며, 우리에게 점점 가까이 다가오고 있습니다. 이상은 스스로 존재할 수 있습니다. 러시아인들의 생각은 설문조사와 앙케트 형식으로 구체화할 것입니다. '코리아 선언'은 현재 지속적으로 출판되고 있어 점점 더 많은 러시아인이 알아가고 있습니다. 많은 사람이 제가 얘기도 꺼내기 전에 먼저 '코리아 선언'에 대해 말하기 시작합니다. 고위직 관리, 평범한 사람들, 정치인, 사업가 등 광범위한 사람들과 얘기를 나눠보니 99%가 '코리아 선언'에 동조했습니다.

— 한·러 공생국가론은 독창적인 생각입니까? 이전에 이런 생각을 가진 분이 있었습니까?

간단히 말해, '코리아 선언' 구상의 시발점은 우리 인생 자체입니다. 저는 그 구상을 필설로 옮겼을 뿐입니다. '코리아 선언'은 그 어떤 학술서적에서 밝혀낸 명제가 아닙니다. '코리아 선언'은 우리가 살고 있는 이 세계와 경제상을 연구했을 뿐 다른 전제가 깔려 있지 않습니다. 새로운 구상은 항상 새로운 대상을 연구해야 하며, 이제까지는 없었던 해법을 제시해야 합니다. 새로운 해법은 우리에게 필요할 때 만들어지는 것입니다.

'코리아 선언'의 주제를 놓고 다방면으로 토론한 결과 러시아인들이 우리에게 자주 한 말들을 수집할 수 있었습니다. 일부 러시아인들은 "우리가 처한 상황은 사실 너무 힘들다. 그러나 한민족이라면 함께할 수 있다"라고 말했습니다. 러시아인들은 유독 타민족이 유입되는 것을 거의 병적으로 꺼립니다. 한 민족 국가에 다른 민족이 이주해 살게 되는 것은 결국 그 나라의 주권과 민족의 순결성을 지키는 차원에서 심각하게 논의될 수밖에 없습니다.

캅카스에서 벌어진 상황에 대해 알고 있을 것입니다. 우리가 한·러 공생 연합정부의 필요성을 설파할 때 의견에 찬성한 사람들은 "반드시 한민족만이 우리와 함께해야 한다"고 했습니다. 그 중에서도 "다른 민족과 함께 사느니 차라리 죽는 편이 낫다"고까지 말하는 사람들도 있었습니다.

이 모든 주장은 그 바탕에 기본이 되는 이론이 있습니다. 상황이 호전되어 우리 스스로 인류학적인 문제를 해결할 수도 있습니다. 그러나 우리가 인류학적인 문제로 주의를 돌리게 되었을 때 이미 러시아 영토의 반은 사라지게 되며, 그렇게 되었을 때는 나라 전체를 잃을 수도 있습니다. 한국과 러시아는 이웃이며, 역사적으로도 좋은 관계였습니다. 그러나 이보다 중요한 사실은 지정학 분야에서 한반도가 과소평가되고 있다는 것입니다. 한국 경제는 전 세계에서 11번째 정도로 발전했으나, 지정학적으로 한국의 존재는 매우 미미합니다. 한국에 대한 저의 이러한 부정적인 의견은 객관적인 사실입니다.

— 시베리아는 굉장히 춥고 살기 어려운 곳인데, 왜 한국 사람들이 가서 잘할 수 있다고 자신합니까?

우리가 서로 이익을 얻을 수 있는 부분은 많이 있습니다. 먼저 러시아와 러시아 민족이 가질 수 있는 이익부터 살펴보겠습니다. 시베리아가 어떻게 생겨났을까요. 러시아가 가지고 있는 영토 철학과 유럽의 그것이 어떻게 다른지 한번 살펴보겠습니다. 저는 이 부분에서 두 가지 전혀 다른 이론을 제시하겠습니다. '폴더Polder : 네덜란드 간척지' 이론과 언급하기도 무서운 '강제노동' 이론입니다. 이것은 영토 철학에 대한 것이며 시베리아를 획득하게 된 경위와 관련됩니다.

시베리아에 처음 발을 들여놓은 민족은 카자흐인으로 모두 200명이었습니다. 그 당시에는 길도 없는 황폐한 땅이었습니다. 그들은 겁도 없이 미지의 땅으로 들어섰으며, 직접 땅을 차지할 수는 없었지만 거대한 영토를 통치할 수 있었습니다. 카자흐인은 살 집도 없을 것이라는 우려와 엄청난 노동도 겁내지 않았으며, 적과 대적할 수도 있다는 공포와 견디기 힘든 기후조건조차도 그들을 시베리아로 들게 하는 데 영향을 미치지 않았습니다. 선구자들이 지녔던 개척정신을 잃어버린 오늘날 우리 러시아인은 너무나 유약해져서 그들이 할 수 있었던 개척은 꿈도 꾸지 못하고 말았습니다.

영토 철학과 영토 획득 주제인 '폴더'와 '강제노동' 이론으로 돌아가겠습니다. '폴더'는 국토의 16% 이상이 해수면보다 낮은 네덜란드에서 간척사업을 통해 스스로 창조한 토지입니다. 바다로부터 농지를 개척하기 위해 네덜란드 사람들은 100년 동안 밤낮을 가리지 않고 일했습니다. 처음에는 썰물 시간에 맞춰 해안가 부근을 열심히 닦아냈습니다. 돌로 벽을 만들기도 했습니다. 땅에서는 곡물도 재배할 수 있었습니다. 바다는 다시 이 땅을 물로 채웠습니다. 이 작업은 그들의 조부모 때부터 시작해 부모대로 이어졌고, 손자대가 되어서야 비로소 첫 열매를 거둬들일 수 있었습니다. 유럽인에게 대지란 희귀하고 소중하며, 창조의 힘을 발휘하는 것입니다.

러시아의 영토 철학을 이해하기 위해서 적절한 예를 들어 설명하겠습니다. 대영제국 시절 영국에서는 그들의 새로운 제국을 건설하기 위해 죄수를 호주로 추방했습니다. 죄수들은 배를 타고 호주로 떠나게 되었습니다. 비슷한 경우가 아주 오래전 러시아에서도 있었습니다. 러시아는 내부적으로 거대한 영토를 가지고 있었고, 죄수를 시베리아로 유배했습니다. 유배의 목적은 시베리아를 차지하기 위해서였으며, 죄수들은 형을 언도받고 시베리아 강제 수용소로 유배를 가게 되었습니다. 그들이 시베리아까지 가는 데 걸린 시간은 도보로 3년이었습니다. 여기에 러시아 영토 철학이 나옵니다. 바로 거대한 대지입니다.

우리는 지금 우리 선조들이 가졌던 선구자 정신이 소멸된 정신 분열 상태에 있습니다. 우리가 영토를 획득하는 데 따르는 어려움을 얘기하기보다는 21세기에 이 땅을 획득함으로써 얻을 수 있는 것부터 생각합시다. 카자흐인들을 보십시오. 카자흐인 200명은 맨주먹으로 시베리아를 만들어 나갔습니다. 그러나 오늘날은 맘만 먹으면 헬리콥터를 이용해 자재를 나를 수 있고, 원하는 소도시를 금방 완성할 수도 있습니다. 그 옛날에 비하면 지금은 너무나 쉬워졌습니다. 지금이 바로 우리가 이 땅에 들어서야 하는 그 순간입니다.

결론적으로 한 가지 더 말씀드리면, 경제학적으로 '사무실형' 업무는 편할 수 있습니다. 그러나 그 안락한 생활 속에 살인적인 경쟁구도가 있다는 것도 동의할 것입니다. 우리가 은행이나 회사에서 일하기 위해서는 수많은 경쟁자 가운데 승리해야만 하고, 그 직장생활 또한 실질적인 노동이며 편안함과는 거리가 먼 긴장의 연속입니다. 빵은 거저 얻어먹을 수 없습니다. 빵을 얻기 위해서는 일을 해야 하며, 그 노동의 종류가 다를 뿐입니다. 한국인을 제외하고는 그 누구에게도 광범위한 노동의 지표를 쉽게 설명할 수는 없습니다.

— 방금 '사무실 경제'라는 표현을 썼는데, 그에 반대되는 개념
  의 경제는 어떤 것입니까?

'사무실 경제'라는 용어는 조건적입니다. 어떤 사람이 있습니
다. 그의 직업은 대도시 은행 직원이나 보험회사 직원 혹은 회사
업무를 맡고 있는 사무원입니다. 그는 안락한 집에서 살며 시내까
지 자동차로 움직입니다. 종일 사무실에 앉아 업무를 보며, 점심
때만 잠깐 식당으로 가서 식사를 합니다. 이것이 '사무실 경제'로
기반을 이룬 도시인의 생활상입니다. 즉 문자 그대로를 표현한 것
입니다.

이에 대한 반대 개념은 두 가지 입니다. 앞서 언급한 집약적이
고 광범위한 경제를 기억하실 것입니다. '사무실 경제'라는 개념
은 '지역적'이며, '집약적' 경제는 고도 기술이 집약된 하이테크
놀로지를 이용해 만든 제품 공장들이 기반을 만들어내는 것입니
다. '사무실 경제'라는 용어는 조건적이며, 대도시 생활상을 의미
하는 것입니다.

— 평화통일재단이 추구하는 베링 해협 프로젝트를 언제 알았
  으며, 어떻게 생각합니까?

내가 평화통일재단을 알게 된 지는 1년 정도 되었습니다. 평화
통일재단이 창설되고 얼마 되지 않았을 때입니다. 내가 이 재단에
관심을 갖게 된 건 통일 이상 때문이었습니다. 베링 해협 프로젝

트는 아주 훌륭한 이상이며, 성장동력이 됩니다. 이상과 현상은 상호 연관관계가 있습니다. 이 관계는 서로 이어져 물리적인 힘이 작용하고 있습니다. 베링 해협에 건설될 터널은 우리에게 통신과 운송 기반설비를 구축할 수 있게 합니다. 그러나 보이는 현상이 목적이 될 수는 없습니다. 이 프로젝트의 이상은 통일입니다. 한 민족과 러시아 민족이 지향해야 하는 명확하고 결정적인 학설은 '코리아 선언'에 이미 기술되어 있습니다. 이 모두를 조합해서 잘 생각해 봐야 합니다.

— 조방형 경제에 대해 좀 더 자세히 설명해 주겠습니까?

조방형 경제란 고전경제이론입니다. 제가 여기에서 새롭게 밝힐 사실은 없습니다. '조방형 경제'의 정의는 경제학자들이 잘 기술했습니다. 이 명제 내에서 차이점을 설명할 수 있습니다. 우리가 말하는 인텐시브intensive 경제란 특정 지역 내부에 노동의 생산성과 효율성을 향상하고, 새로운 기술을 접목하는 것입니다. 현재 인텐시브 경제는 매우 높은 수준으로 상승되어 있습니다. 우리가 원한다면 하루 만에 집도 지을 수 있고, 뉴타운도 얼마든지 만들어낼 수 있습니다. 반면 익스텐시브extensive 경제란 새로운 영토 획득 경제입니다. 기반 구조를 구축하고, 집을 짓고, 길을 내는 대규모 사업입니다. 경제 위기가 도래한 현재 러시아보다 작은 땅덩어리를 가진 중국도 익스텐시브 경제를 실현하고자 한다는 데 주목해야 합니다.

우리가 지금 겪고 있는 경제 위기는 천연자연을 보유하고 있는 영토에 자기 영역을 표시해 두는 것과 많은 연관이 있습니다. 중국은 자국 영토에서 광범위한 경제 발전을 위해 노력하고 있습니다. 그들이 말하는 광범위한 경제 발전이란 기반시설 구축 사업입니다. 그러나 이 개념의 본질은 같습니다. 고속도로를 만드는 건축기술 또한 대지를 설비하는 것이기 때문입니다.

시베리아, 극동지역, 연해주에도 끝없이 펼쳐진 대지가 우리를 기다리고 있습니다. 이 지역의 경제 발전을 위해서는 여러 세대의 노력이 필요하며, 이는 기반시설을 구축함과 동시에 인텐시브 경제 개념으로 전환할 수 있도록 해줍니다. 이러한 혼합경제 구조로 지역경제를 활성화하게 되면 빠른 시일 내에 영토를 획득하고, 우리의 잠재력을 키울 수 있는 기회를 갖게 될 것입니다.

— 한국 사람들이 시베리아를 개척하는 데에 가장 적합하다고 했는데, 한국은 지금 인건비가 비싸고 출산율도 낮은데 과연 한국 사람들이 이 일을 할 수 있겠습니까? 다른 민족은 고려하지 않았는지요?

이 질문 안에 우리 생활상의 모순을 볼 수 있습니다. 한국 사람들 스스로 인구가 감소한다고 평가하고 있습니다. 그러나 한국인들은 새로운 땅을 차지할 생각조차 없으며, 새로운 땅에 대해 제안한다고 하더라도 늘 있던 조국에서 안락한 생활을 영위할 뿐 미래를 생각하지 않습니다. 이 생활 속에는 분명히 모순이 있습니다.

모든 사람에게는 선택권이 있으며, 모든 민족에도 선택권이 있습니다. 러시아도 같은 상황이 전개되고 있습니다.

모스크바에 살고 있는 사람은 타 지역으로 이주하려고 하지 않습니다. 모스크바는 말하자면 '작은 한국'입니다. 젊은이들이나 생활이 안정된 사람들은 어딘가로 이주하는 것을 꺼립니다. 여기에서 우리는 문명의 교착점에 부딪히게 됩니다. 정치적인 사건이나 경제적 이점만을 고려해서는 안 됩니다. 우리는 우리 자신을 볼 수 있어야 합니다. 우리가 새로운 수준에서 살 수 있고, 발전할 수 있는 방법이 있는데 왜 타성에 젖어 행동해야만 할까요? 우리 앞에는 선택의 문제가 있으며, 이 문제를 현실적으로 끌어내어 국민 앞에 내놓고 평가를 받아야 합니다.

제가 이 자리 서 있는 것은 한국인만을 위해서도 아니고 러시아인만을 위해서도 아닙니다. 이것은 선택의 문제입니다. '코리아 선언'은 바르게 선택할 수 있는 길을 열어줍니다. 여기에 핵심이 있습니다.

몇 가지 덧붙이고 싶습니다. 우리는 정치, 경제가 독립적으로 성장하게 되면 자기충족을 위해 그것을 소유하게 되는 것을 볼 수 있었습니다. '경제를 위한 경제'를 소유하게 된다는 것입니다. 이런 비뚤어진 세계관에서 벗어나야 합니다. 경제는 도구일 뿐입니다. 우리 민족이 살아남기 위해서는 대도시를 벗어나 새로운 인생을 시작해야 합니다.

이는 국가 프로젝트 차원에서 벗어나 양국 민족을 위한 문명 프로젝트가 되어야 합니다. 지금 유럽을 보십시오. 유럽에서 아랍어는 제2국어가 되고 있습니다. 고도로 발달된 기술을 영위한 민족들이 급격히 소멸해가고 있는 것입니다. 지금 우리 인생관을 바꾸지 않은 채 그저 살던 대로 사무실에서 하던 일이나 하면서 인생을 허비한다면 어떻게 되는지 코소보 사태를 통해 잘 보고 있습니다.

우리가 시베리아 영토를 획득하고, 그 지역에 광범위한 경제 영역을 구축하게 되면 출생률도 상대적으로 상승하게 됩니다. 경제 혁명을 일으키기 위한 첫걸음은 문제의 가치를 이해하는 것입니다. 문제의 가치란 인생입니다. 우리가 안정된 생활만을 생각해서 대도시에서 소멸해 간다면, 우리 인생도 같이 흘러갈 것입니다.

— 한·러 공생국가 건설 프로젝트가 남북통일에 긍정적인 영향을 줄 거라고 했는데, 어떤 식으로 영향을 줄 수 있습니까?

질문에 질문으로 답해서는 안 된다는 걸 잘 알고 있습니다. 그러나 이 주제는 너무 중요하기 때문에 원칙을 깨고 질문을 드리고자 합니다. 한국인 엘리트 사회나 통일부와 같은 고위층에서 내세우는 통일철학이 무엇인지 알 수 있을까요? 저는 한민족이 지향하는 통일철학이 무엇인지 대답을 들은 연후에 답변하겠습니다.

— 정권에 따라 통일철학이 조금씩 달라졌다고 보는데요. 남북통일의 방법에도 차이가 나고 있습니다.

2008년 11월 24일 북한 측에서 발표한 보도를 전해들을 바 있습니다. 이 사건은 이명박 대통령이 '통일' 이라는 단어를 사용했기 때문에 발단되었다고 합니다. 여기서 놀라운 역설관계를 보게 됩니다. 한반도에는 한반도 통일을 지향하는 기관인 '통일부' 가 있는데도 남한에서 '통일' 이라는 단어 한마디를 사용했다고 북한 쪽에서 어떻게 화해 불가능한 예민한 반응을 보일 수가 있는지 이해가 되지 않습니다.

우리는 다시 이 자리에서 상황을 정리하 분석하고 있지만, 결과가 나오지 않습니다. 대신 저는 다른 방향으로 초점을 맞추려고 합니다. 우리는 한·러 공생 연합정부를 명명할 때 이것이 '문명 프로젝트' 임을 강조합니다. 우리가 내세우는 것은 새로운 연합이나 정부를 설립하는 것이 아닙니다. 문명의 관점에서 문제를 보았을 때 중요한 모순을 해결할 수 있습니다.

우리는 정치 영역에서 벗어납니다. 우리가 한민족의 노동력을 러시아로 끌어들이겠다고 하는 계획에 남한과 북한의 차별성은 없습니다. 시베리아, 극동지역, 연해주의 영토에서 일할 수 있는 한민족은 남한, 북한 양측 모두입니다. 남북한은 한 지역에서 서로 경계하지도 않을 것입니다. 거대한 영토 안에 함께 살게 되면 한민족은 서로 관계를 맺을 수 있는 자유를 갖게 되는 것입니다. 러시아 영토에서 같이 사는 사람들끼리 방해할 요소는 없습니다.

우리는 분쟁을 좋아하지 않습니다. 민족과 정부를 위해 일하고 있으며 여기에는 모순이 없습니다. 러시아에서만 만들 수 있는 공생 연합정부를 통해 진정한 조합을 이루며 살 수 있고, 이는 정치적으로 분리되지 않습니다.

남북한의 한민족은 러시아 영토 내에서 공통 관심사를 가지고 일을 함으로써 비정치적인 방식으로 가까워질 수 있을 것입니다. 문명 프로젝트 범위에서 논의를 진행할 때 정치적인 접근은 상응되지 않습니다.

우리가 정치에서 벗어나는 것이 아니라, 정치가 우리 문제의 하부 구조에 위치한다는 것입니다. 우리는 우리가 살고 있는 땅과 사람을 연구하기 때문에 문명과 실상 차원에서 논의하고 있는 것입니다.

서양에서는 지리경제학이나 지정학만이 존재할 뿐 우리에게 절실한 문명의 문제는 망각의 강으로 떠나보냈습니다. 우리가 안고 있는 문제는 정치적인 것이 아닙니다. 남북한의 통일 문제는 계속 진행되어야 하며, 나는 여기서 구두로나마 실제적으로 효능을 발휘할 수 있는 통일철학에 대한 질문에 답하려고 합니다.

지금까지 즉흥적인 형식으로 말씀드렸지만, 제가 기술한 '삼위일체 한국'의 본문 내용을 간략하게 언급하면 '통일이 필요없다'는 것입니다. '삼위일체상' 이야말로 한민족 존속의 이상적인 형태라는 것입니다. 정치적인 통일을 할 필요도 없고, 그 방법을 찾을 필요도 없습니다.

통일이라는 단어로 북한을 놀라게 할 필요도 없습니다. 한 단어가 이와 같은 반응을 불러일으킬 수 있다면 여기에는 신경을 울리는 줄이 있다는 것입니다. 이것을 이해하는 것이 중요하며, 이는 남·북한 양측 모두가 직시하고 있는 현실입니다.

— 러시아와 북한의 관계는 어떠합니까? 러시아의 통치이데올

로기는 무엇이고, 어디로 가고 있습니까?

두 번째 질문부터 답변하겠습니다. 여러 방면으로 해명할 수 있습니다. 공산주의 이데올로기에서 해방되는 데는 객관적인 노력이 필요합니다. 이데올로기라는 단어는 공산주의 이데올로기를 연상시키기 때문에 여기에서 벗어나야 합니다. 정부와 민족이 영속하기 위해 필요한 민족 차원의 전략을 위해서는 강력하고 구체적인 이데올로기를 갖는 것도 좋다고 생각합니다.

러시아가 불행했던 시기는 절대정권이 지배한 때였습니다. 러시아의 정치 좌표 시스템은 과거 70년간의 소비에트 연방정부 시대와 최근 18년의 자유주의 시대로 구분하는데, 러시아를 이와 같이 분리하는 것은 거짓입니다. 거짓된 시대상을 벗어나 문명 차원에서 1천 년 이상 된 러시아 역사를 이해해야만 우리에게 이데올로기가 왜 필요한지 알 수 있습니다. 이데올로기가 없으면 어떻게 하냐고 묻는다면 이데올로기를 새로 만들어야 한다고 답할 것입니다.

답변은 아주 간단합니다. 역사 전체와 민족을 아우를 수 있는 새로운 이데올로기를 만들면 됩니다. 그러나 지금 이 순간은 불가능합니다. 우리는 이제야 우리의 자유와 행동양식, 창조력을 열 수 있는 새로운 장을 마련한 것입니다.

북한과 러시아의 관계는 한마디로 불충분하고 모호한 관계입니다. 특이한 북한의 행보로 인해 이견도 있었지만, 과거 소련과 북한은 연합 관계였습니다. 이러한 여러 문제들을 보면서 서로간의 접합점을 찾았습니다. 현재 러시아에는 러시아를 분명하게 나타 낼 수 있는 이데올로기가 없고, 북한과의 정치적 관계를 수립할 정확한 관점도 없습니다. 북한은 지금 과거 이데올로기 속에 남아 있으나, 러시아는 현재 그 어떤 이데올로기도 없습니다.

따라서 이 질문은 내가 해결할 수 없는 범위의 것입니다. 오픈된 상태로 진행하겠습니다. 한 가지 해결해야 할 문제가 더 있는데 그것은 바로 문명의 유일무이하고 보편적인 방식에 대해 연구하는 것입니다. 문명 생활 측면에서 보았을 때 북한은 문명 프로세스의 주체가 되는 것입니다. 지정학적 차원으로 내려와서 보면 모순이 발생하기 시작합니다. 북한이 자기 포커스를 찾는 데까지는 시간이 좀 필요한 것 같습니다.

북한이 찾아낸 포커스가 어떤 모양이 될지 아무도 모릅니다. 그러나 문명 차원에서 서로 협력했을 때 반드시 성공할 것입니다. 우리는 오늘의 관계를 화합하여 협력관계를 구축할 것입니다. 우리를 상호 관계로 결합할 수 있는 내부조직과 이데올로기를 만드는 것은 시간과 노력의 과정입니다. 우리는 반드시 만들어낼 것입니다. 가공의 청사진을 내보일 수는 없지만 우리 인생이 지나가는 궤적은 기록할 수 있습니다. 당면한 과제 앞에서 우리는 "예, 문제가 있습니다. 하지만 이 문제를 해결하기 위해 나아가고 있습니다"라고 솔직하게 답변할 것입니다.*

제2부
'코리아 선언'의 배경

- 러시아의 고민과 우리의 대응 | 박병환
- 아시아 세력으로 등장하는 러시아 | 박윤형

"수린 박사라는 러시아 학자가 중매쟁이로서 '한 · 러 공생국가 건립'이라는 화두를 이미 던졌다. 2010년은 한국과 러시아가 외교관계를 수립한 지 20년이 되는 해이다. 신부 집이 마음의 문을 활짝 열어 혼사가 제대로 이루어질 수 있도록 만반의 준비를 용의주도하게 그리고 민첩하게 해나가야 할 것이다. 21세기 우리나라와 우리 민족이 대륙국가와 대륙민족으로 다시 태어나 웅비할 수 있는 절호의 기회를 놓쳐서는 안 된다."

— 박병환 우즈베키스탄 대사관 공사

"러시아는 한반도를 포함한 동북아 전체의 평화와 안정이 자신들의 국익에 부합하는 국가이다. 동북아의 안보, 경제적 문제의 해결, 정세 안정을 이루는 일은 남을 위해서가 아니라 바로 러시아를 위해 긴요한 일인 것이다. 한국이 러시아와 동북아 지역에서 공동의 이해를 바탕으로 상호 협력할 가능성은 바로 여기에서 출발하는 것이다."

— 박윤형 서대문포럼 회장 · 정치학박사

러시아의 고민과 우리의 대응

박병환 | 우즈베키스탄 대사관 공사

필자가 처음으로 '코리아 선언'을 알게 된 것은 모스크바 한국 교민이 발행하는 '겨레일보' 2006년 1월6일자 보도를 통해서였다. 당장 러시아의 정치잡지 '폴리티체스키 클라스'에 게재된 원문을 입수해 읽어보고는 그만 크게 흥분하고 말았다. 그 글에는 분단된 채로 반세기를 넘기고 있는 한민족의 서글프고도 한심한 현실을 극복하고 전쟁이나 정복이 아닌 평화적인 방법으로 21세기 우리 민족이 웅비할 수 있는 실로 놀라운 방안이 제시돼 있었기 때문이다.

'코리아 선언'의 배경

그리고 얼마 뒤 이 선언의 저자인 블라디미르 수린 박사를 모스크바의 한 식당에서 만나 장시간 이야기를 나누고는 두 가지 점에서 놀라지 않을 수 없었다. 하나는 그가 단 한 번도 한국이든 북한이든 방문한 적이 없음에도 한국과 한민족을 높이 평가하고 있다는 점이었다. 다른 하나는 그 당시 러시아는 블라디미르 푸틴 전 대통령의 집권기로서, 매년 치솟는 국제 유가 덕택에 러시아 경제가 호황을 누리는 상황에서 이런 추이로 나간다면 러시아가 다시 초강대국으로 발돋움하는 것도 시간문제라는 인식이 팽배해 있었을 때였는데도 그는 러시아의 장래에 대해 비관적인 견해를 갖고 있었다는 점이었다.

그러고도 필자는 수린 박사의 주장을 본국에 보고하는 작업에 바로 착수하지 못한 채 다소 주저하고 있었다. 그러다가 2006년 말경 월스트리트저널과 2007년 초 이코노미스트에 실린 기사를 읽게 됐다. 거기에는 러시아의 올리가키(과두재벌)의 한 사람으로, 푸틴 대통령의 정치적 탄압으로 시베리아의 한 수용소에 복역 중이던 미하일 호도롭스키가 기고한 글이 실려 있었다. 그 내용의 일부분을 옮겨본다.

"러시아는 자원은 풍부하나 인구가 희박한 방대한 시베리아 땅에 관심을 보이는 중국으로 인해 강한 압력을 느끼고 있다. 아시아 쪽 러시아 영토의 중국화는 이미 빠르게 진행되고 있으며, 이것은 러시아 안보에 전략적 위협이 되고 있다. … 중국화는 피할 수 없을 것으로 보인다."

호도롭스키는 '코리아 선언'에서 수린 박사가 거론한 중국의 러시아 영토 잠식 위험에 대해 보다 직설적으로 거론하고 있었다. 이것이 나의 눈을 번쩍 뜨게 했다. 이러한 현실 인식에 근거하여 러시아 대사관 경제과에서 열띤 토론을 거쳐 '극동 시베리아에서의 한·러 간 전략적 협력 추진 방안'이라는 제목의 보고서가 작성돼 2007년 2월 초 외교부 본부와 청와대에 전달됐다.

그리고 당시 러시아 대사관의 홍보관이었던 남진수 참사관이 경제과의 보고 내용을 요약하여 국정홍보 사이트에 글을 올렸고, 이것이 국내 일반인들에게 수린 박사의 '코리아 선언'이 알려지게 되는 계기가 되었다. 그 후 수린 박사는 모스크바 주재 한국대사관의 주선으로 2007년 가을 국제교류재단의 차세대 지도자 방한 프로그램에 따라 생애 최초로 서울을 방문했다.

2007년 1월에는 당시 블라디미르 푸틴 대통령이 인도 방문을 마치고 모스크바로 귀환하지 않고 러시아 극동의 관문인 블라디보스토크로 가서 현지에서 긴급 각료회의를 주재하면서 극동·시베리아 지역의 경제발전계획을 발표하고 2012년 아시아·태평양경제협력체APEC 정상회의를 이곳으로 유치하겠다고 선언하였다. 푸틴 대통령은 이보다 앞서 2000년대 초 극동지역을 순시하면서 "수십 년 뒤 이곳 주민의 다수는 러시아어가 아니라 중국어나 한국어를 구사하고 있을 것이다"라고 우려를 표명한 바 있다.

중국인들이 러시아 극동으로 대거 이주함에 따라 앞으로 있을 지도 모를 중국과의 영토분쟁 가능성 등에 대한 러시아의 위기의식은 수린 박사뿐만 아니라 지도층에서도 이미 심각하게 인식하고 있다는 것은 분명하다. 그러나 이 위기를 어떻게 극복할 것인 가에 대해 러시아 엘리트들은 뾰족한 방안을 찾지 못하고 있는 것으로 보인다.

중국인의 불법이주가 단기간에 대규모로 일어나는 것이 아니라 조용히 그리고 서서히 진행되기 때문에 러시아 당국이 공식적으로 구체적인 조치를 취하기 어렵고, 현재 러시아는 지속적으로 서방의 도전을 받고 있어 이에 대처하는 데도 힘이 버거운 실정이다. 더욱이 극동·시베리아 개발 재원을 충분하게 확보하기 어려워 러시아 당국의 고민이 깊어지고 있는 것이다. 이런 맥락에서 이러한 고민의 돌파구로서 '코리아 선언'은 큰 의미가 있다고 본다.

그러나 러시아 엘리트들이 민족적 자존심에서 실제로 '코리아 선언'을 수용할 수 있을지는 미지수이다. 러시아 외교부 콘스탄틴 브누코프 아시아 1국장이 수린 박사의 글에 대해 "귀하의 글을 주의 깊게 읽었으며, 귀하의 글에 담긴 결론을 향후 한반도 정책에 반영하겠다"고 2006년 1월 16일자 수린 박사에게 보낸 서한에서 답하고 있으나, 현재 수준의 한·러 양국 간 신뢰 수준을 고려할 때 공식적인 차원에서 러시아가 한국, 아니 한민족에 도움의 손길을 요청할 것으로 기대하는 것은 무리라고 본다. 러시아 측은 이미 남북한과 러시아 간 삼각협력 사업, 가장 대표적인 예로서 TKR(한반도종단철도)·TSR(시베리아횡단철도) 연결 프로젝트를 매우 적극적으로 제의하였으나 한국 측이 진보진영이 권력을 잡았던 지난 10년 기간에 대단히 미온적인 태도를 보여 왔기 때문이다.

만일 '코리아 선언'과 관련하여 한국 내에서 아쉬운 쪽은 러시아이며 한국이 열쇠를 쥐고 있다고 생각하는 사람들이 있다면, 그들에게 "떡 줄 사람은 생각도 없는 데 김칫국부터 마시고 있다"고 말해주고 싶다. 러시아 엘리트들의 뿌리 깊은 자존심과 한국인들의 러시아에 대한 천박한 인식이 극복되지 않으면 '코리아 선언'은 공론에 그치고 말지도 모른다.

그렇다면 러시아가 처한 위기는 어떠한지, 그리고 우리가 어떻게 대응하여야 '코리아 선언'을 현실로 만들 수 있는지 짚어보고자 한다.

러시아의 인구 감소 추세와 국력의 쇠퇴

러시아의 인구 문제는 두 가지 차원에서 볼 수 있다. 첫째는 출산율 저하에 따른 전반적인 인구 감소 추세가 지속되고 있다는 점이고, 둘째는 지역적으로 공동화 현상이 일어나고 있는 점이다.

필자가 러시아 대사관에서 두 번에 걸쳐 6년간 근무하는 동안 비로소 알고 놀란 사실이 있다. 제2차 세계대전에서 그 유명한 노르망디 상륙작전의 승리가 전세를 결정적으로 뒤바꾼 것으로 배워 알고 있었으나, 실제로는 소련군이 독일군의 기세를 완전히 꺾고 난 다음에 일어난 일이라는 사실이다. 아마도 소련이 2천만 명이 넘는 희생자를 내면서까지 막강한 독일군을 물리치지 않았더라면 연합군의 승리는 역사에 기록된 것보다 훨씬 뒤였을 것이라고 생각한다. 어쨌든 2차 대전에서 2천만 명이 넘는 인구, 주로 남성들이 희생되었고 이는 현재의 러시아 인구 감소 추세에 영향을 미쳤다고 보아야 한다.

또한 최근 러시아의 출산율 저하는 급격한 자본주의 경제개혁 이후 계층 간 엄청난 빈부 격차로 절대빈곤층이 양산되었고, 자본주의적 경쟁에 대해 생소한 대다수 국민이 심각한 스트레스를 겪고 있으며, 사회주의 시절의 사회안전망이 현재는 제도로만 남아 있을 뿐이고 대다수 빈곤층에는 실질적인 도움을 주지 못하고 있는 실정 등에서 원인을 찾을 수 있다. 열악한 의료 서비스로 높은 사망률이 지속돼 인구 감소 추세를 악화시키고 있다.

또한 소련 붕괴 이후 가임 연령에 있는 수많은 젊은 여성들이 경제적인 이유로 해외로 나갔고, 최근 경제사정이 호전되면서 추세가 둔화되었다고는 하나 현재도 지속되고 있다. 소련 시절에는 여성들이 18~20세에 결혼하는 분위기였으나 요즘은 경제적인 이유로 결혼연령이 높아지고 이혼율도 높은 편이다. 이런 요인들도 인구 감소에 영향을 미치고 있다. 최근 1인당 국내총생산GDP 증가에도 러시아의 인구 감소 추세는 지속돼, 유엔 전망치에 따르면 2002년 1억4천400만 명에 달했던 러시아 인구가 2050년경에는 3분의 2 수준까지 감소할 것이라고 한다.

이러한 현상에 대해 블라디미르 푸틴 전 대통령은 2006년 5월 시정연설에서 인구 감소 문제를 러시아가 당면한 가장 심각한 위기로 규정하고 이를 해결하기 위한 다양한 정책수단을 동원할 것이라고 언급한 바 있다. 이 연설에서 그는 러시아에서 매년 약 70만 명의 인구가 감소하는 것에 대해 우려를 표명하고, 이 문제가 러시아의 사회·경제 개발의 핵심 이슈임을 강조하는 한편 이를 해결하기 위한 3대 원칙, 즉 출산율 제고, 사망률 감소, 효과적인 이민정책을 제시하였다.

그리고 2인 이상 출산 시 출산장려금을 지급하기로 하였는데, 우리나라에서도 유사한 제도가 발표되었을 때 한국 여성들이 보인 반응에서 알 수 있듯이 얼마나 효과가 있을지는 미지수이다. 사망률 감소도 의료 서비스의 획기적인 개선뿐만 아니라 러시아 내 소득분배 구조가 개선되어 전반적인 복지 수준이 향상되지 않고는 쉽게 달성하기 어렵다고 본다.

끝으로 이민정책인데, 외국인 이민을 받아들이는 것은 러시아의 경제성장을 지속하고 제조업 중심의 경제로 발전하기에 필요한 노동력을 확보하기 위한 것이나 이에 대한 반론도 만만치 않다. 즉 외국인들의 유입으로 러시아 국민들의 취업 기회가 줄어들수 있으며, 나아가 러시아의 인종적·문화적 정체성이 손상될 수 있다고 우려하는 시각이다.

이런 맥락에서 재외 거주 러시아인들의 귀환을 가장 이상적인 노동력 부족 해소 방법으로 간주하고 이를 촉진하고 있다. 그러나 이미 생활기반이 외국에 있는 러시아인들의 대규모 귀환을 기대하기는 어렵다고 보며, 위와 같은 이유로 독립국가연합CIS 국가의 비러시아계 이민의 유입에 대해서는 러시아 정부가 확고한 태도를 취하지 못하고 있는 실정이다. 이런 가운데 정상적이고 합법적인 이민이 아닌 제3국인들, 특히 중국인의 불법이민은 늘어만 가고 있다.

인구 감소 문제는 국경을 넘어 쳐들어오는 적을 패퇴시키는 것처럼 일시적으로 대처할 수 없고, 장기간에 걸쳐 내부적인 요인에 의해 일어나는 현상이기 때문에 러시아의 사회경제적 여건이 개선되지 않고서는 풀 수 없는 과제이기도 하다. 또한 이러한 정책에 의해 인구 감소세가 진정된다 하더라도 지역 공동화 현상은 또다른 문제이며, 이 문제가 러시아로서는 더 큰 문제가 아닐 수 없다.

기본적으로는 인구 감소나, 극동·시베리아 지역 주민들이 러시아 서유럽 쪽으로 지속적으로 이주하고 있어 지역적으로 인구 문제가 러시아 내에서 가장 심각하다. 블라디보스토크 뉴스에 따르면 극동지역을 떠나는 러시아인은 하루 평균 274명으로 지난 15년간 지역인구가 20% 감소하여 현재 700만 명에 불과하다.

본래부터 인구가 희소한 지역이지만, 소련 시절에는 정부가 정책적으로 주민들을 이주시키고 급여나 사회복지 면에서 다른 지역 주민에 비해 파격적인 인센티브를 제공하였다. 그러나 소련 붕괴 이후 이 지역 주민에 대한 연방정부의 인센티브는 중단되었고, 과도기의 경제·사회적 혼란이 주민의 이주를 가속화했다. 2000년대에 들어와서도 지역경제 발전을 위한 연방정부 차원의 이렇다 할 투자가 없어 상황이 오히려 악화되고 있다.

90년대 말 이후 작년까지 국제시장에서 유가가 지속적으로 상승하면서 러시아 경제력이 상당히 커졌다고 하나, 러시아 영토의 광대함을 고려할 때 전 지역에 성장의 혜택이 골고루 돌아갈 수 없었고, 이 과정에서 시베리아와 극동 지역은 철저히 소외되었다. 극동·시베리아 지역 주지사들이 지원을 호소하여 연방정부가 지원계획을 수립하였다고는 하나 계획이 제대로 실행되지 못하자, 지역주민들의 실망과 좌절은 스스로 문제 해결을 하기보다는 생활여건이 좋은 러시아 유럽 이주 쪽으로 나타나고 있는 것이다.

문제는 극동·시베리아 지역이 장기적으로 공동화되는 과정인데, 이 공백을 합법 또는 불법 체류 중국인들이 메워 나가는 데 있다. 이미 푸틴 전 대통령도 말했듯이 조만간 이 지역 주민 구성에서 러시아계가 소수파로 전락할 가능성이 뚜렷하다.

인구는 한 나라의 경제 규모에 비해 과도하면 짐이 될 수 있으나, 러시아는 영토가 광대한데 인구는 과소한 경우인 데다 그나마도 감소 추세여서 경제 발전에 필요한 노동력 확보를 고민하여야 하는데 러시아 정부는 이에 대한 용의주도한 전략과 대책을 시행하지 못하는 것으로 보인다. 적정한 인구 규모는 경제발전과 영토 보전에 필수불가결하다. 특히 영토는 다량의 최신 대량살상무기 보유로만 보전되는 것이 아니다.

수린 박사는 '코리아 선언'에서 다음과 같이 적고 있다.

"중국에 대한 전략적 억지력으로 필요하고 충분한 러시아의 핵 능력은 2050년이면 모두 사라질 것이다. 러시아에 다가오는 물리적 재난과 러시아 민족의 상실은 중국에 러시아로의 평화적인 침공 또는 대량 유입의 기회를 제공하게 될 것이다."

러시아가 당면한 대외적인 도전

서방의 러시아 목 조르기

냉전 이후 미국의 압도적인 우위가 유지되고, 북대서양조약기구NATO는 대의명분도 없이 지속적으로 동쪽으로 확장하는 가운데 동유럽과 발트 해 연안 국가들이 모두 서방의 품에 안겼다. 이제 러시아와 서방 간 완충지대는 우크라이나와 벨라루스뿐이다. 그런데 우크라이나는 진작부터 '오렌지혁명' 이후 반러시아 노선을 분명히 하고 있다.

러시아의 남쪽 국경지대도 평온하지 않다. 캅카스 지역에 있는 국가들 중 아르메니아를 제외하고는 모두 친서방 노선을 걷고 있으며, 특히 그루지야는 2008년 베이징올림픽 개막식 날에 맞추어 러시아군을 공격했을 정도로 적대적이다. 러시아 남쪽 국경의 다른 쪽인 중앙아시아는 카자흐스탄과 소국인 키르기스스탄, 타지키스탄을 제외하고는 정도의 차이는 있으나 러시아와 일정한 거리를 두고 친서방 노선을 취하고 있다. 또한 미국은 9·11 이후 테러와의 전쟁을 선포하고 탈레반 세력을 응징한다는 명분으로 아프간 전쟁을 일으키고 파키스탄 접경지대에서까지 군사작전을 감행하고 있으며, 이를 빌미로 인근 중앙아시아 국가들과의 군사협력을 강화하여 러시아를 자극하고 있다. 한마디로 러시아에 대한 서방의 포위가 착착 진행되고 있다고 볼 수 있다.

냉전은 이미 끝났고, 냉전 당시 사회주의권 군사기구였던 바르

샤바 조약도 폐기되었으나 그 대척점에 있던 NATO는 여전히 존재 이유를 강화하며 가입국을 늘리면서 점점 러시아 국경에 접근하고 있다. 국토 면적으로 보면 유럽지역 러시아만 해도 유럽연합 EU 전체와 맞먹으나, 인구나 경제 규모 면에서 러시아 측 열세가 뚜렷하다. 과연 앞으로도 러시아가 EU와 대등한 상대가 될 수 있을까. 물론 EU 국가들이 가스 소비 총량의 3분의 2 정도를 의존하고 있어 러시아로서도 지렛대가 있는 것은 사실이나, 이것은 어디까지나 단기적인 것일 뿐 에너지 자원이 고갈되는 때는 아무런 의미가 없을 것이다.

조지 W 부시 대통령 시절 미국은 미사일방어MD 계획을 신하면서 체코와 폴란드에 기지를 건설하였다. 이란으로부터 날아오는 대량살상무기WMD를 요격하기 위한 것이라고 하 만, 러시아 측이 그렇다면 아제르바이잔에 설치하라고 하였으 , 미국은 대꾸하지 않고 체코와 폴란드 기지 건설을 강행하였 .

체코와 폴란드에 있는 MD망은 누가 보 러시아를 겨냥한 것이라고 할 수 있다. 러시아는 이에 게 반발하고 이에 대한 대비로 유럽 내 위요지enclave[19] 칼리닌그라드에 전략무기를 배치하는 한편 벨라루 도 공동방공망을 유지하고 있다.

어떻게 이는 미국이 세계 패권을 추구하는 과정에서 의도적으 러시아를 자극함으로써 러시아가 과잉반응을 보이면 역으 서구 동맹국들에게 러시아 위협론을 거론하며 미국 주도의

---

[19] 다른 나라 땅으로 둘러싸인 영토를 말한다.

NATO 체제가 아직도 존재하여야 하는 명분을 강화하는 근거로 활용하고 있다.

소련 붕괴는 그 이유에 관한 여러 가지 해석이 있지만, 실은 로널드 레이건 미국 대통령이 주도한 군비경쟁 과정에서 소련 경제가 파탄 난 데 있다. 군사력은 경제력이 밑받침되어야 하는 것이다. 러시아가 서방의 석연치 않은 동진 움직임에 군사력 강화로 대응하고 있는데, 과연 러시아 경제가 장기적으로 이를 지탱해줄 수 있을지 의문이다.

오늘날 러시아는 정치체제 면에서 과거 소련과는 다르고, 국제적인 영향력 면에서는 과거와는 비교가 안 될 정도로 약화되었으나, 소련을 계승한 러시아를 대하는 서방 시각이나 접근은 전략적인 면에서 전과 크게 달라지지 않은 것으로 보인다. 서방 진영 내 단합은 EU라는 이름에서 보듯이 강화되었으나 러시아는 소련 시절 주변 공화국들을 모두 상실하였으며 그들과의 관계도 그리 원만한 편이 아니다.

냉전이 공식적으로 끝났다고 하지만 서방의 러시아 길들이기는 아직도 현재진행형인 것이 엄연한 현실이다.

중국의 조용한 러시아 극동 잠식

러시아와 중국은 1989년 미하일 고르바초프 대통령의 베이징 방문을 계기로 화해 관계에 접어들었고 1996년에는 '전략적 동반자 관계'로 발전했다. 특히 9·11 테러 이후 미국의 일방주의가

노골화하자 양국은 더욱 긴밀한 관계로 발전해왔다. 양국 간 교역이나 중국의 러시아 에너지산업 투자는 괄목할 만큼 증가하고 있다. 양국 관계는 전반적으로 대단히 양호하다고 볼 수 있으나, 양국의 속내도 그렇다고 보기는 어렵다.

2007년 4월 극동에 있는 아무르 강변도시 블라고베셴스크에 다녀온 일이 있다. 한·러 극동시베리아분과위에 참석하기 위한 것이었다. 그 계기로 아무르 강 건너편 중국 측 도시 헤이허(黑海)도 다녀왔는데, 그 강에는 다리가 없어 밑바닥에 튜브가 달린 배가 왕래하고 있었다. 들은 바에 따르면 중국 측은 10여 년 전부터 교량 건설을 끈질기게 제의하고 있으나, 러시아 측은 묵묵부답이라고 한다. 왜 그럴까. 국경지대 양 도시 주민들의 교류를 원활하게 하기 위해 양국 정부는 이 도시 주민에 한해 하루 무비자 왕래를 허용하고 있는데도 말이다.

답은 이렇다. 아무르 강을 사이에 둔 블라고베셴스크와 헤이허 두 도시 간에는 지난 20년간 경제적으로 역전현상이 일어났고, 이러한 추세를 감당하기 어렵다고 판단한 러시아 측이 중국인들의 '침묵의 정복'을 두려워한 나머지 주민 편의를 위한 최소한의 왕래만을 허용할 뿐이다.

앞서 언급한 바와 같이 러시아인들은 줄줄이 극동·시베리아를 떠나는 반면 중국인은 25만 명이 합법적으로 이주해왔고, 불법체류자도 100여만 명에 이르는 것으로 추산된다. 중국인들은 주로 채소 및 가공식품, 식당, 모피, 가전제품 등의 상권을 장악하고 있다. 중국 만주(동북3성)와 러시아 극동지역의 교역은 하바롭스크

주 대외교역의 84%, 연해주의 57%에 이른다. 연해주 1,330개의 외국인 투자기업 중 중국 기업이 573개다(미국 109개, 한국 91개, 일본 81개). 이미 '침묵의 정복'이 진행되고 있다고 봐야 한다.

일찍이 중국의 지도자 덩샤오핑(鄧小平)은 이렇게 말했다고 한다.

"중국은 총 한 방 쏘지 않고 러시아를 점령할 수 있다. 중국 군인 수백만 명이 국경 넘어 러시아 쪽으로 투항하면 문제는 조용히 해결될 것이다. 러시아는 이들을 먹이는 것만도 감당하기 어려울 것이다. 그리고 조용히 러시아는 물러날 것이다."

러시아 극동지역은 전체 영토의 36%를 차지하지만 인구는 5%인 700만 명 정도에 불과하다. 과장된 표현으로 이미 무주공산이나 다름없다고 볼 수 있다. 그런데 아무르 강 건너편 중국 동북3성은 상주인구가 1억 명이 넘는다. 러시아는 국가경제 규모 면에서 중국의 상대가 되지 않을 뿐만 아니라 지역적으로도 극동지역 주민들이 생활필수품을 전적으로 중국 상품에 의존하고 있다. 위기가 임박한 것이다.

그리고 중국 정부는 따로 나서지 않아도 국민들이 자체 내 인구 압력 때문에 알아서 수단방법을 가리지 않고 그 지역으로 파고 들어가는 형편이니 느긋할 수밖에 없다. 아마도 시간은 중국 편에 있는 것으로 보인다.

어쨌든, 러시아는 냉전 종식 이후, 특히 9·11테러 이후 혼자 힘으로 미국의 일방주의에 대항하기에는 역부족이어서 중국과의 공조를 소중히 여기고 있다. 현재 러시아와 중국 그리고 중앙아시아 국가들이 회원국으로 있는 상하이협력기구SCO[20]가 대표적인 예이다. 국제무대에서 미국의 일방주의를 견제하는 데 중국과 보조를 맞추고 있다는 것이다. 이런 상황에서 러시아 당국으로서는 대놓고 중국인의 입국을 제한하거나 불법체류 중인 중국인들을 대대적으로 몰아내는 정책을 펴기가 쉽지 않을 것임은 충분히 짐작이 간다. 유감스럽게도 러시아는 뭔가를 해야 하는데 그러기가 쉽지 않은 상황이다.

아직도 종결되지 않은 일본과의 전쟁

일본은 20세기 초 조선을 둘러싼 쟁탈전이었던 러일전쟁에서 러시아를 굴복시킨 바 있고, 1910년대 러시아 내전 당시 독립을 선언하였던 극동공화국(현재 러시아 극동 일부 주)을 점령한 바 있다. 제2차 세계대전 때는 전쟁 막바지까지 러시아는 독일과의 전쟁을, 일본은 미국과의 태평양전쟁을 수행하느라 상호불가침조약을 준수하였으나, 유럽 전선이 나치독일의 패퇴로 안정기에 접어들자 소련이 일본에 대해 선전포고를 하였다. 소련군이 마침내 만주와 사할린으로 진주하기 시작하였고 일본 쪽으로는 현재

---

20 상하이협력기구(SCO)는 1996년 4월에 개최된 러시아, 중국, 카자흐스탄, 키르기스스탄, 타지키스탄 등 상하이 5개국 정상회의를 기반으로 2001년 5월 옵서버였던 우즈베키스탄을 정회원국으로 받아들여 상하이에서 설립한 중앙아시아 국가들과 중국 및 러시아 6개국의 협력체이다.

러·일 간 영토분쟁이 되고 있는 쿠릴 열도 4개 섬(일본 북방 4개 도서)까지 점령하였다.

제2차 세계대전이 종료되고 1951년 49개 참전국이 참여하는 샌프란시스코 강화회의가 개최되었고, 그 결과 연합국과 일본의 강화조약이 체결되었다. 그러나 당시 소련은 조약안이 미·영이 주도적으로 자신들의 이해만 반영하였을 뿐 소련 측의 일본에 대한 권리를 명문화하지 않았고, 일본 군국주의의 부활을 제도적으로 막을 수 있는 장치가 결여되어 있다는 등의 이유를 들어 회의에는 참석하였으나 강화조약에는 서명하지 않았다.

결과적으로 러시아와 일본 간에는 제2차 세계대전이 끝난 지 60여 년이 지났으나 아직도 강화조약이 체결되지 않고 있다. 즉 전쟁이 종결되지 않은 상태이다.

러·일 영토분쟁에 관해서 어느 쪽 주장이 옳으냐를 논하는 것은 이 글에서는 의미가 없다고 본다. 그간 영토분쟁을 해결하기 위하여 특히 일본 쪽의 끈질긴 노력이 있었고, 그간 4개 섬 중 2개를 먼저 반환할 수 있다는 데 양측이 잠정적으로 합의한 적도 있으나 그 안은 오히려 일본 내 반대로 무산된 바 있다. 그 와중에 이 문제에 한국도 가끔 휘말리는 경우가 있다. 문제의 섬 주변 해역에서 조업하는 한국 어선들이 러시아 당국으로부터 허가를 받으면, 일본 측이 영유권을 주장하며 자기네와도 협의하여 한다고 떼쓰는 바람에 난처한 상황에 처하기도 한다. 어쨌든 그 영토분쟁이 지속적으로 양국 간 불신의 근거가 되고 협력 확대의 걸림돌이 되고 있다는 점이 중요하다고 본다.

러시아는 일본에 대해 러일전쟁 당시의 쓰라린 경험이 있으며, 내전 당시에는 일본군이 극동지역 러시아 영토를 유린한 바도 있어 일본에 대한 경계심 내지는 두려움이 있다. 1951년 샌프란시스코 강화회의에서 소련이 강화조약안에 반대한 이유에는 일본의 미국 군사기지화와 반소 미일 동맹 관련 조항이 들어 있는데, 이는 현재까지도 러시아의 일본에 대한 경계심의 기저를 이루고 있다.

현재 러시아와 일본의 경제협력은 그다지 괄목할 만한 수준으로 볼 수 없다. 2000년대 들어와 러시아가 동시베리아에서 태평양에 이르는 송유관 건설 프로젝트를 발표한 적이 있다. 그 당시 프로젝트를 둘러싸고 중국과 일본이 대러 교섭에서 팽팽한 신경전을 벌였으나, 러시아 정부는 일본이 파격적인 조건을 제시했는데도 결국 중국의 손을 들어주었다.

일본은 에너지 협력을 통해 영토 문제를 해결하는 접근 방식을 취하고 있는 것으로 보인다. 아직 탐사조차 되지 않은 방대한 동시베리아 지역에 막대한 자본을 투자하여 탐사해주겠다고 제의한 바 있으나, 러시아 측은 이렇다 할 구체적인 반응을 보이지 않고 있다.

한마디로 러시아 일반대중의 일본 문화에 대한 평가나 호감은 대단하나, 이와는 무관하게 러시아와 일본의 관계는 여전히 껄끄럽고 서로를 믿지 못하는 상태이다. 최근 북한의 움직임은 일본의 재무장 내지 핵무기 보유를 부추기고 있고, 이러한 동북아 정세에 대해 러시아는 편치 않은 감정을 지니고 있을 것이다.

공생국가 실현의 전제조건

공생국가이든 연합국가이든 이러한 거대담론의 선정성 때문에 관념적으로 논의가 진행되는 것은 '코리아 선언'에서 제시한 구상을 실현하는 하는 데 아무런 도움이 되지 않을 뿐만 아니라 바람직하지도 않다고 생각한다.

공생국가도 결국 사람과 사람이 힘을 합쳐야 이룩할 수 있는 것이라면 사람과 사람 간에 호감과 신뢰가 전제되지 않고는 가능하지 않다고 본다. 이런 맥락에서 현재 양국 국민이 서로를 어떻게 보고 있는지 냉정하게 살펴보고자 한다. 수린 박사가 러시아 국민이나 러시아 정치학계를 대표하는 것은 아니기 때문이다. 그리고 수린 박사의 구상은 환영하지만, 유감스럽게도 그가 러시아 학계에서 큰 영향력을 가진 학자도 아니기 때문이다.

러시아에서 한국은 보이지 않는다

유라시아 대륙 지도를 펼쳐놓고 보면 방대한 러시아 영토의 동쪽 자락에 매달려 있는 듯한 한반도. 그 반도의 남반부인 대한민국은 사실상 눈에 띄지 않는 존재이다. 17세기부터 표트르 대제 이후 러시아는 부단히 영토를 동서남북으로 넓혀왔고 이미 17세기에 동북아시아에서 청나라와 대치할 정도로 동진해왔으며, 19세기에 들어와 유라시아 대륙의 동쪽 끝인 베링 해협을 건너 알래스카를 정복하고 미국 서부인 캘리포니아에 이르는 대제국을 이룩하였다.

그리고 제2차 세계대전 이후 20세기 말까지는 미국과 더불어 세계를 양분하는 초강대국으로 군림한 것은 다 알고 있는 사실이다. 러시아인들은 이러한 역사에 대단한 자부심을 가지고 있다.

한편, 엘리트들은 서구에 대해 이중적인 심리구조를 갖고 있다. 거대한 영토와 방대한 자원 그리고 140개가 넘는 다양한 민족을 포괄하는 포용성 등에서 우월감을 느끼지만, 역사적으로 유럽의 변방이었다는 사실에서 문화적으로 서방에 대한 열등의식이 남아 있다.

그리고 20세기 말 소련 붕괴 이후 약 10년간의 격변기에 초강대국으로서 자존심은 무참히 짓밟히고 말았으며, 경제적으로도 1998년 모라토리엄(지불유예)을 겪으며 그 위상은 여지없이 추락하였다. 2000년대에 들어 국제유가가 급등하면서 푸틴 대통령이 집권한 짧은 기간이나마 다소 경제력을 회복하였으나 2008년 미국발 국제금융위기의 여파로 또다시 하강국면에 접어들 가능성이 있다.

21세기 현재 러시아의 위상은 서유럽 국가들이 중심이 되어 결성된 EU가 동유럽으로까지 확장되면서 국토나 인구 면에서도 EU를 상대하기가 힘들어지고 있다. 이런 상황에 서구에 대한 자신들의 자존심을 회복하고 서구를 배우면서 따라잡으려고 안간힘을 쓰고 있기 때문에 한국과의 협력에는 그다지 관심이 없어 보인다.

몇 년 전 러시아에서 실시된 여론조사에서 '러시아에 중요한 나라'를 묻는 설문에 한국이 30위권 밖에 있었던 것을 보면 엘리트들은 물론이고 일반인들도 한국에 대한 관심이 커 보이지는 않는다. 필자가 모스크바에서 근무하는 동안 겪은 일이지만 상당수 러시아인들이 남북한을 구분하지 못하며, 구분하는 일부 사람들의 상당수는 오히려 북한에 더 우호적인 성향을 보이고 있다. 러시아의 초·중등학생용 백과사전을 보면 한국보다는 북한에 대한 설명이 더 길다.

한국인들은 대한민국이 GDP에서 세계 12~13위권이라고 자부하는지 모르지만 러시아에서 한국의 존재감은 아주 미미하다. 1988년 서울올림픽이 개최되었을 때 한국에 대한 인식이 짧은 기간 제고된 적이 있고, 소련 붕괴 직후 극도로 경제상황이 악화되었을 때 한국산 소비재가 차관 형식으로 공급되던 시절에도 한동안 그러했다.

그러나 현재 한국은 안보를 전적으로 미국에 의존하고 있으며, 경제적으로도 대외의존도가 지나치게 높아서 세계경제 상황이 조금만 흔들려도 휘청거릴 수 있는 취약한 나라로 인식되고 있다. 모스크바 시내에 삼성과 LG의 광고판이 넘쳐나지 않느냐고 반문할지 모른다. 하지만 삼성과 LG의 이미지는 한국 이미지로 바로 연결되지 않는다. 러시아인들에게 이 회사들은 한국 기업이라기보다는 다국적기업으로 인식되고 있기 때문이다.

소련 시절에는 공산주의 이념 때문인지 러시아 민족주의마저 억압되었다고 알려진 바와는 달리, 소련 붕괴 이후 러시아에서 극우 민족주의 성향이 아직도 반미 성향과 함께 만만치 않게 나타나고 있다. 특히 청소년층이 주류를 이루는 스킨헤드들은 종종 아시아계에 대한 테러를 서슴지 않고 있다. 특히 중국인이나 베트남인 그리고 남부 캅카스 출신 이주자들에 대한 반감이 크다.

이런 분위기에서 한국인 이미지는 다른 아시아 민족에 비해 상대적으로 양호함에도 외모가 비슷하다는 이유로 중국인으로 오해를 받아 심심치 않게 공격을 받고 있다.

러시아인들은 기본적으로 러시아가 인종적·문화적으로 유럽 국가라면서 아시아에 대한 우월감을 숨기지 않고 있다. 냉전 시대에 미국과 자웅을 겨루며 세계 전략을 구사하던 그들로서 한국은 주목의 대상이 되기 어려울 것이다.

역사적인 경험인 때문인지 러시아인들은 중국과 일본에 대해서는 경계심이 있다. 그러나 한국인에 대한 대다수 러시아인의 인식이나 감정은 호감 또는 경계심 그 어느 쪽도 아닌 어정쩡한 것이 사실이다. 한 나라의 미래가 그 나라 젊은이들에게 달려 있다고들 하는데, 일부 극동지역을 제외하고는 러시아 청년층의 한국에 대한 인식이 거의 백지상태라면 문제가 아닐 수 없다.

러시아를 깔보는 한국

냉전 시대 소련은 한국인에게 공포의 대상이었고 김일성 공산정권의 남침을 지원한 적국이었다. 한국인들의 소련에 대한 공포감은 1983년 8월 31일 대한항공 007기가 사할린 근해 상공에서 소련 공군기의 무자비한 공격을 받고 추락하는 사고가 났을 때 절정에 달했을 것이다.

흔히 한국인들은 중국 대륙의 거대함에 깊이 공감하고 심지어는 주눅이 드는 경향도 있다. 그런데, 중국보다 훨씬 더 넓은 러시아 영토(남한 면적의 약 160배)의 방대함에는 전혀 고개를 숙이지 않는 것처럼 보인다. 한국 사람 중에 러시아 영토의 동서 양극 지역 간 시차가 11시간인 것을 아는 사람은 많지 않은 것 같다.

소련 붕괴 이후 러시아 접근이 가능해지고, 양국 수교 초기 15억 달러의 경협차관을 제공하기도 하면서 한국인들이 러시아에 드나드는 과정에서 사회주의 경제의 몰락 현장을 보며 러시아에 대한 두려움이 사라지고 대신 우월감 내지는 경시 현상이 나타나게 되었다. 또한 한국 남성들의 백인 여성에 대한 선망 내지 동경심이 대단한데, 돈을 대가로 러시아 여성을 농락할 수 있게 되는 일이 벌어지면서 러시아를 우습게 보는 경향이 짙어졌다.

가끔 한국 사람들에게 러시아에 대해 무의식적으로 떠오르는 것이 무엇이냐고 물어보면 대개 '시베리아', 즉 '추운 나라' 그리고 '빚을 갚지 않는 나라' 다.

기후란 객관적인 것이어서 논할 여지가 없고, 문제의 '빚' 에 대해 거론해 보자. 경협차관은 소련이 몰락하기 직전이었고 소련 측이 우리 측에 요청한 것도 아니었으며, 당시 노태우 정부의 전략가들이 장기적인 안목에서 양국 간 경제협력을 강화하기 위한 종잣돈 성격이었다. 당시 소련이 몰락하기 직전의 혼란한 상황이었으니 소련 고위관리들은 우리 대표단이 돈 보따리를 풀면서 가져가라고 하니 대국 체면도 생각지 않고 넙죽 받았는데, 나중에 보니 소비재 차관을 제외하고는 나머지 돈을 누가 어디에 썼는지도 모르는 상태가 되어버렸다고 한다.

어찌되었든 러시아가 빌려간 돈을 아직도 전액을 다 갚지 않은 것은 객관적인 사실이다. 이제는 충분한 상환능력이 있는데도, 러시아는 왜 '화끈하게' 한꺼번에 갚지 않는 것일까. 러시아를 위한 변명을 해보자. 한국인들은 러시아를 빚더미에 쌓인 나라로 알고 있으나, 대외 채권 규모가 크고 베트남, 리비아, 이라크 등 채무국에 최고 100억 달러까지 과감하게 빚을 탕감해준 바 있다.

그러면 한국에서 빌려간 돈은 어찌된 일인가. 한국에 대한 방산물자 판매에 큰 관심을 지닌 러시아는 공개입찰을 통해서는 미국의 로비 때문에 무기 공급이 사실상 불가능한 현실이고, 한국 국방부는 기본적인 무기체계를 바꿀 생각은 없으나 개별 무기는 러시아산을 구입하는 데 관심이 있어서 양측 간에 이해관계가 맞아떨어지고 있는 것이다.

한국 기획재정부는 현물 상환에는 관심이 없고 러시아 측에 오로지 현금 결제를 요구하고 있다. 그러다보니 현금 상환 원칙에 일부 현물상환(방산물자) 방식이 되고 있다.

그리고 러시아 관리들과 채무상환 문제를 화제로 얘기하다보면 "남북통일이 되면 러시아가 한국에 대해 채권국이 된다"고 농담 삼아 말하곤 한다.

그 근거는 이러하다. 소련 시절 북한에 제공한 차관 규모는 당시 루블·달러 환율을 어떻게 볼 것이냐에 따라 편차가 나겠지만 80억~90억달러로 추산하고 있다. 그런데 북한은 러시아의 채무상환 요구에 꿈쩍도 하지 않고 시쳇말로 '오리발'을 내밀면서 나중에 받을 생각을 하고 차관을 준 것이냐고 되레 큰소리치고 있다고 한다. 러시아가 그러면 상환은 뒤로 미루고 채무액만이라도 달러화로 확정하자고 하거나, 또는 상징적인 금액만이라도 상환하면

나머지 금액은 탕감해 주겠다고 해도 북한 측이 거부하고 있다고 한다. 이런 장황한 설명을 하는 이유는 '빚' 문제로 러시아를 매도하는 것은 진실의 다른 한 면을 보지 않은 데서 비롯되었음을 말하기 위해서다.

한편 국내에서는 동북아시대, 동북아 정세, 동북아 경제협력, 동북아경제공동체 등등 동북아시아라는 말을 자주 쓴다. 그런데 이런 논의를 들여다보면 다소 놀라지 않을 수 없다. 동북아시아 지도를 보면 분명히 러시아 극동지역 영토가 상당한 부분을 차지하고 있는데도 우리 뇌리에는 동북아 하면 오로지 한·중·일이고, 조금 자세히 보는 사람은 몽골을 포함하기도 한다. 그리고 역외자로서 항상 미국을 상정한다. 완전한 그림이라고 보기 어렵다.

러시아인들이 자신들을 기본적으로 유럽 국가이며 유럽을 지향한다고 한다면, 한국인 뇌리에는 동북아에는 러시아가 존재하지 않는다. 이런 상황에서 양국 간 공생국가를 거론하는 것이 과연 얼마나 현실적으로 보일 수 있겠는가?

소련이 붕괴하고 러시아가 생겨난 지 20년이 다 되는데도 한국에서는 아직도 러시아를 소련이라고 부르고 있는 게 현실이다. 러시아를 방문하였던 한국 고위인사들에게 이를 지적하면 항상 대답은 "러시아가 소련 아냐, 그게 그거 아니야"다.

수린 박사의 '코리아 선언'을 대하면서 러시아인들이 진정으로 우리 한민족에게 도움의 손길을 요청하는 것인지도 의구심이 들지만, 과연 우리나라도 러시아의 요청에 맞장구칠 마음의 준비라도 되어 있는가 하는 생각이 드는 것 역시 어쩔 수 없다.

우리의 대응

논의는 차분하고 구체적으로, 행동은 민첩하고 용의주도하게

우선 우리는 들뜨지 말고 논의는 진지하게 하되 목소리를 낮추고 행동은 민첩해야 한다. 우리에게 시간이 많이 주어지지 않을 것이다. 그리고 마치 극동이라는 지리적 공간에 러시아와 남북한만이 존재하는 것으로 착각하고 이 과제에 접근한다면 위험천만한 생각이다. 수린 박사도 언급하였듯이 지정학적 관점에서 동북아시아의 역내 국가 간 복잡한 역학관계의 맥락에서 바라보고 대책을 세워야 한다.

'신동아' 2006년 6월호에 한국·몽골 간 국가연합론이 대선주자 캠프에서 거론되고 있다는 기사가 나간 이래로 국내에서 상당한 반향을 일으켰고, 2007년 3월에는 동아시아평화문제연구소 주최로 '한국·몽골 국가연합의 의의'라는 주제로 세미나가 열린 바 있다. 그러나 그 후 국내에서 어떤 대책들이 수립되고 시행되고 있는지는 회의적이다.

2007년 초에 주러 대사관 경제과에서 수린 박사의 '코리아 선언'을 기초로 한 '극동시베리아에서의 한·러 간 전략적 협력 방안'이라는 보고서를 외교부와 청와대에 보고했으나 그 메아리는 미미했다. 정권이 바뀌고 나서 현재 정부 내에는 이 보고서를 기억하는 사람도 별로 없을 것이다. 다만 민간에서 한·러 공생국가론의 불씨가 이어져서 2008년 11월 28일 서울에서 평화통일재단이 수린 박사 초청강연회를 개최한 것은 그나마 다행한 일이라고 생각한다.

한편 그러한 거대담론에 대해 추상적인 논의에만 집중하는 것은 한마디로 비생산적이며 반생산적이다. 변죽만 울리고 실제로 행동이 뒤따르지 않는다면 주변국의 경계 내지는 방해 공작만 야기하고 말 것이다. 2005년 12월 러시아가 일본도 중국도 아닌 남북한과 연합해야 한다는 수린 박사의 '코리아 선언'이 러시아의 라디오방송 '나르코티크'에서 방송된 후 2007년 1월 주러 일본대사가 직접 방송에 나가 러시아어로 일본을 홍보하며 러시아와 일본 간의 협력 확대를 강조하였다고 한다. 아마도 발 빠른 일본은 이미 은밀하게 러시아·남북한 연합 가능성에 대비하여 모종의 조치를 취하고 있는지도 모른다.

또한 중국은 거꾸로 극동지역을 둘러싼 동북아시아 정세가 미묘하게 돌아가는 것을 즐기면서 앞서 언급한 바와 같이 '시간만 지나가라. 만사가 우리 뜻대로 될 것이다'라고 보고 러시아에 대해서는 항상 우호와 협력을 강조하면서 표정관리를 하는 한편, 남북한에 대해서는 긴장완화보다는 긴장이 유지되는 쪽으로 북한을 관리하고 있다.

중국은 왜 동북공정을 20여 년 전부터 준비해 왔을까? 현재 중국의 주인인 한족은 그들이 역사적으로 만주지역 연고권이 미약하기 때문에 언젠가 한반도에 통일한국이 출현하게 되면 반드시 작게는 간도 땅, 크게는 만주 전역에 대한 권리를 주장할 가능성이 있다는 것을 알고 이에 대비할 필요성이 있기 때문이다. 또한 북한 내에서 급변사태가 일어나는 경우 북한을 '동북 제4성' 으로 편입하는 과정에서 대내외적으로 합리화하기 위한 명분을 마련하려는 것으로 보인다.

따라서 남북한 간 긴장이 지속적으로 유지되고 남한이 남북 관계를 주도적으로 관리하지 못할 경우 한·러 공생국가론은 지지부진하게 되고 말 것이다. 남북한 간 긴장으로 한민족의 극동·시베리아 진출 속도와 강도가 러시아가 원하는 만큼 되기 어려울 것이기 때문이다. 그런 와중에 러시아는 그들의 서쪽과 남쪽 국경지대를 관리하는 것만 해도 시간이 갈수록 버거워서 동쪽 국경을 살필 여유가 없게 되고, 결국 상황은 악화될 것이다.

역사에는 결코 필연이란 존재하지 않는다. 물론 장기적으로 불가능한 일도 없다. 기회란 결코 우리가 먹어주기를 기다리는 접시에 놓인 떡과 같은 것이 아니다. 역사적으로 보아 어느 민족에게나 기회는 주어져 왔지만, 그 기회를 포착하여 용의주도하게 활용한 민족에게만 번영의 길이 열려 왔다.

현재 우리가 다루고 있는 한·러 공생국가론도 관념적·추상적이거나, 또는 과정은 생략한 채 결과에 대한 허상만을 좇는 논의를 지양하고 무엇을 해야 하는가에 집중하여야 한다. 공생국가 수립은 어느 날 갑자기 양국 정상이 합의하여 개시되는 것이 아니라, 반대로 다양한 분야와 수준에서 은밀하고 차분하게 크고 작은 노력이 쌓이고 쌓여서 우리가 원하는 상태에 도달하고, 그 결과로 양국 정부가 이를 확인하는 형국이 될 것이라고 보는 것이 타당하다.

공생국가론을 실현하는 데 필요한 한·러 양국 간 경제협력 방향과 프로그램에 관해서는 앞서 언급한 바와 같이 대외경제정책연구원이 2008년 1월 세미나 발표 자료를 정리하여 2008년 8월에 발간한 책자 '러시아 극동지역의 경제개발 전망과 한국의 선택'에 거의 모든 이슈가 빠짐없이 상세하게 열거되어 있기 때문에 굳이 이 글에서 반복할 필요는 없다고 본다. 다만 다른 측면에서 우리 사회 구성요소들이 무엇을 할 것인가에 대해 거론하고자 한다.

앞서 공생국가 실현의 전제조건에서 문제점으로 지적한 양 국민 간 신뢰 구축을 위해 무엇을 할 것인가. 신뢰는 상호 이해를 전제로 한다. 상호 이해를 위해서는 우선 상대방에 대해 많이 알아야 하며, 그러려면 획기적인 교류와 접촉 확대가 필요하다. 달리 말하면 공생국가론에 대한 양국 국민 간의 공감대를 어떻게 형성해 나갈 것인가 하는 것이며, 이 역할은 정부와 민간 부문 모두에 해당된다.

과제를 실현할 주체는 현재 양국의 20~30대 젊은 층이다. 따라서 그들이 서로 접촉할 기회를 제도화하고 확대하는 것이 중요하다. 현재 직간접으로 정부 지원 하에 젊은이들을 해외에 파견하는 다양한 프로그램이 있다. 미국의 평화봉사단을 본뜬 한국국제협력단KOICA의 해외봉사단, 해외인터넷청년봉사단, 문화봉사단, 글로벌 인턴제 등이다. 우리 민족의 먼 미래를 보고 기본적으로 예산을 늘리되 제한된 자원을 선택과 집중의 원칙에 따라 러시아, 특히 극동시베리아 지역에 우리 젊은이들을 대거 보내야 한다. 국공립대학은 물론 사립대학들도 러시아 대학들과 교환학생 프로그램을 선택과 집중의 원칙에 따라 대폭 확대해야 한다.

무엇보다 기업들의 기여가 절실하다. 이런 조치를 하는 과정에
도 내부적으로만 취지를 고취하면 되고 대외적으로는 '로키low-
key'를 유지해야 할 것이다. 파견된 청년들은 우리 민족의 대대적
인 시베리아 유입의 전위대 역할을 톡톡히 할 것이다.

21세기에는 경제평론가이자 경영컨설턴트인 오마에 겐이치(大
前硏一)가 그의 저서 '민족국가의 종말The End of The Nation State'에
서 주장한 바와 같이 국가의 하부 단위인 지역 또는 지방이 국제협
력의 주체가 될 것이다. 우리가 지금 민족의 장래 또는 번영을 얘
기하지만 이와 같은 국제적인 추세가 역설적으로 우리 민족이 평
화적인 방법으로 웅비할 수 있는 유리한 국제적 여건을 조성하게
될 것이라고 본다.

현재 이미 한·러 양국의 지방자치단체 간 자매결연이 되어 있
으나 실제로는 지자체장들의 해외나들이를 위한 구실 이상은 못
되고 유명무실한 경우가 대부분이다. 중앙정부가 지자체 간 교류
가 활발해지도록 지원과 독려를 해야 할 것이다. 이런 노력을 통
해 중소기업 진출도 촉진될 것이다. 이를 측면지원하기 위해서 아
직도 활성화되지 못한 '한·러 극동시베리아분과위'가 본격 가동
될 수 있도록 중앙정부와 지방정부 모두의 분발이 요구된다.

공급이 수요를 창출한다

극동·시베리아 지역 진출에 있어서 우리는 중국에 대한 지리
적 열세를 만회하여야 한다. 중국인들은 아무르 강이나 쑹화 강만

건너면 쉽게 그곳에 접근할 수 있다. 현재 한국 국적기가 취항하는 극동·시베리아의 도시들은 블라디보스토크, 하바롭스크, 유주노사할린스크(사할린) 정도이고, 해운항로는 부산~보스토치니(블라디보스토크), 속초~자루비노 정도에 불과하다. 항공협정과 해운협정을 보완하여 극동·시베리아 내 국적기 취항 도시와 국적선 기항 항구를 대폭 늘려서 기업인은 물론이고 관광객 등 일반인들이 한국인이든 러시아인이든 원하는 때 원하는 장소에 자유롭게 왕래할 수 있는 여건을 만들어야 한다.

추가적인 제도적 보완장치로서 한·러 양 국민 일반여권 소지자의 비자 면제를 추진하고 사업가를 위한 복수비자가 쉽게 발급될 수 있도록 협정을 체결하여야 한다. 현재 양국 간 외교관 여권과 관용여권 소지자에 대해서는 이미 비자 면제 제도가 시행되고 있는데, 일반여권 소지자의 비자 면제 추진에는 오히려 우리 법무부나 정보당국이 소극적일 수 있으나, 큰 목적을 위해서는 어느 정도 부작용은 감수하는 결단이 필요하다고 본다. 이러한 관련 협정들이 타결되게 되면 양국 간 인적 교류는 폭발적으로 증가할 것이다.

극동·시베리아 주요 도시에 총영사관과 KOTRA 사무소 개설해야

한국인들의 극동·시베리아 활동이 점점 활발해지는 것에 대비하여 그러한 활동이 방향성을 가지고 일정한 지향점을 향해 나아갈 수 있도록 현지에서 조타수 역할을 맡을 조직이 필요하다. 현재 이 지역 우리 정부 공관은 블라디보스토크, 이르쿠츠크, 유주노

사할린스크에만 있을 뿐이고 코트라KOTRA 사무소는 블라디보스토크에만 있다.

극동·시베리아의 주요 도시에는 당장의 업무 수요를 고려하지 말고 무조건 총영사관과 코트라 무역관을 개설해야 한다. 현재 우리에게는 외교 인력을 전략적으로 중요하지도 않은 지역이나 이렇다 할 실익이 없는 다자외교 무대에 허비할 정도로 여력이 많지 않다. 선택과 집중의 원칙에 따라 외교인력의 재배치가 시급하다.

극동·시베리아판 '개성공단'과 농장 설립해야

수린 박사 주장의 핵심은 약 2천만 명의 한인(남북한, 재외동포)들이 자발적으로 우랄 동쪽 극동지역으로 이주하여야 한다는 것이다. 그러면 무작정 이주하라는 말은 분명 아니다. 결국 일자리가 있어야 하며, 그에 대한 해답은 개성공단에서 찾을 수 있다.

남한 기업 중 인력난과 고임금에 시달려 생산원가 절감이 절실한 중소기업들이 집단으로 극동·시베리아 지역 내에 '개성공단'을 형성하여 옮겨가고 여기에 북한 노동자들을 불러 공장을 운영하여 현지 러시아인들이 중국산에 전적으로 의존하고 있는 저질의 일반 소비재를 양질의 우리 제품으로 대체하여 공급하게 되면 남북한과 러시아 모두 원원하는 결과를 가져오게 될 것이다. 남북한 간에도 제3국인 러시아에서 일어나는 일이기 때문에 개성공단을 둘러싼 복잡하고 예민한 그런 문제가 발생할 소지가 별로 없을 것이다.

또한 이미 연해주에 우리 기업들이 대규모 토지를 빌려서 운영하고 있는 농장도 러시아 땅에서 남과 북이 자연스럽게 협력할 수 있는 좋은 방안이다. 연해주 지역은 쌀농사 여건이 좋고, 아무르 강변에는 콩 농사가 유망하다고 알려져 있다. 1930년대에는 우리나라가 세계적인 콩 생산국이었으나 현재는 콩을 수입하는 처지가 되었다. 해외에 주요 곡물기지를 확보한다는 차원에서도 추진할 필요성이 있다고 본다.

대륙으로 가는 육로를 뚫어야 한다

한국은 유감스럽게도 남북 분단으로 사실상 섬나라의 처지에 있다. 어떻게 남한이 섬이냐고 하겠지만, 일찍이 1970년 고려대학교 이호재 교수가 갈파한 바와 같이 정치적, 군사적 이유로 해서 자유롭게 육지를 통해 대륙에 도달할 수 없다면 지도상 위치에 관계없이 국제정치적으로 한국은 분명 도서국가이며, 이러한 상황은 한국의 상승하는 국력이 대륙으로 뻗어 나가는 데 결정적 장애요인이 되고 있다.

남북이 통일되기 전이라도 이러한 처지를 벗어나려면 김대중 정부 시절부터 '철의 실크로드 프로젝트'로 알려진 시베리아횡단철도TSR와 한반도종단철도TKR 연결 사업이 실질적으로 추진되어야 한다. 이 프로젝트를 성사하는 과정에 대해 한국 측은 휴전선 횡단을 먼저 생각하는 경향이 강하여 문제를 어렵게 보는데, 이미 수년 전에 러시아 측이 발상의 전환을 하여 제시한 방안이 있다.

우선 북·러 국경지대인 하산에서 시작하여 남쪽 방향으로 부산발 컨테이너가 경유하게 되는 북한 구간을 점차 늘려서 마침내 휴전선에 도달하는 방식이라면 북한 측의 협조를 유도하는 데 어려움이 훨씬 덜 할 것이다. 다만, 이러한 러시아 측 방안에 대해 진보진영이 집권하였다고 하는 지난 10년 동안 거창한 웅변이 있었을 뿐이고 실질적인 행동이 따르지 않았던 것은 대단히 유감스러운 일이다.

철로가 뚫리게 되면 남북한 간 긴장완화에 불가역적 효과 irreversible effect를 가져와 통일을 촉진할 것이다. 끊어진 한반도의 허리를 다시 잇는 작업이 되는 것이다. 또한 우리가 거론하고 있는 한·러 공생국가를 촉진하는 길이기도 하다.

대륙국가로 거듭날 절호의 기회

2007년 12월 당시 이명박 후보가 대통령 선거에서 승리한 직후 그의 저서 '신화는 없다'를 뒤늦게 읽어 보았다. 그의 책 내용 중 상당 부분은 '이명박의 성공신화'에 관한 것이어서 그리 새로울 것이 없었으나, 책 마지막 부분 '북방에 미래가 있다'를 읽고 필자는 매우 고무되었다.

21세기 우리 민족의 미래는 분명 북방에 있다. 우리에게는 이미 그곳에 우군이 있다. 러시아인들이 우리와의 협력을 갈망하고 있으며, 140여 년 전 굶주림을 피해 두만강을 건너간 우리 선조들의 후손인 고려인들이 있다. 한·러 공생국가의 주창자인 수린 박사의 한민족에 대한 인식의 기저를 이루는 것은 최근 한국의 발전상이라기보다는 오랜 세월 러시아인들과 공존해온 고려인들에 대한 호의적인 평가이다.

2008년 10월 이명박 대통령의 러시아 방문을 계기로 한·러 양국 관계는 전략적 협력동반자 관계로 격상되었다. 대단히 고무적인 일이다. 하지만 이름에 걸맞은 내용이 있어야 할 것이다.

러시아 대사관에서 6년 동안 근무하면서 절실히 느낀 것은 한국과 러시아가 가슴을 맞대고 대화heart-to-heart dialogue를 하기에는 러시아 측도 그렇지만 우리 측에 준비가 되어 있지 않다는 것이다. 비단 언어소통의 문제가 아니라 러시아의 마음Russian mind을 이해할 수 있는 기반이 되는 학문적, 문화적 소통이 확대되어야 한다.

우리는 지금 단순히 양국 간 우호협력 증진을 얘기하고 있는 것이 아니기 때문이다. 훨씬 더 깊은 관계, 즉 공생을 목표로 하고 있지 않은가. 민족 간의 공생이라는 것은 개인 차원에서는 결혼과 같은 것이다. 수린이라는 러시아 학자가 중매쟁이로서 '한·러 공생국가 창설'이라는 화두를 이미 던졌다. 2010년은 한국과 러시아가 외교관계를 수립한 지 20년이 되는 해이다. 신부 집이 마음의 문을 활짝 열어 혼사가 제대로 이루어질 수 있도록 만반의 준비를 용의주도하게, 그리고 민첩하게 해나가야 할 것이다. 21세기 우리나라와 우리 민족이 대륙국가와 대륙민족으로 다시 태어나 웅비할 수 있는 절호의 기회를 놓쳐서는 안 된다. *

아시아 세력으로 등장하는 러시아

박윤형 | 서대문포럼 회장 정치학 박사

러시아는 아시아 전체 면적의 30%와 유럽 전체 지역의 41%를 점하고 있는 '유라시아' 국가이다. 또한 국가 전체의 76%가 아시아 지역으로 편성되어 있고, 국경의 70%가 아시아 국가들과 접하고 있다. 특히 이 가운데는 북극해와 태평양이라는 기다란 해양 경계를 포함하고 있다.

이러한 러시아의 지리적 위치는 역사적으로 유럽과 아시아 모두와 관계하는 데 큰 이점을 제공해 왔다. 전통적으로 러시아를 동양과 서양의 지리적 교량국가로 만들었으며, 또한 서양과 동양의 양측으로부터 공격을 받았을 때 심각한 전략적 고려를 해야만 하는 상황을 연출하기도 했다.

그럼에도 그러한 러시아의 특별한 지정학적 위상은 위기 시 '양면전쟁two-front war'의 핸디캡으로 작용해 왔고, 러시아는 그때마다 탁월한 외교적 수완과 온전한 행운 덕분으로 오늘날까지 별 무리 없이 국제사회에서 잘 지내올 수 있었다.

이 글은 오늘날 국제사회에서 새롭게 아시아 세력으로 부상하고 있는 러시아가 아시아 지역에서 어떠한 국가적 이익을 가지고 외교활동을 벌이고 있는지 살펴보려고 한다. 또한 오늘날 러시아가 당면한 주된 고민은 어디에 있는지, 그리고 향후 국제질서, 특히 다가오는 환태평양 시대에 아시아·태평양지역의 국제사회에서 어떠한 모습으로 등장할 것인지를 설명해 보고자 한다.

아시아 국가로서의 러시아

오늘날 러시아는 아시아 세력으로 새롭게 등장하고 있다. 따라서 러시아는 다른 아시아 국가들과의 관계를 더욱 강화하려 하고 있다. 러시아의 아시아 정책을 파악하기 위해서 우선 염두에 두어야 할 것으로 다음 두 가지 측면이 있다. 첫째로 러시아의 정체성 identity과 관련된 문제로서, 러시아가 서유럽에 소속된 국가인가 아시아에 소속된 국가인가 하는 문제이다. 둘째로 다가오는 환태평양 시대에 아태지역에서 오늘날 러시아의 실질적 국가이익은 무엇인가 하는 점이다.

러시아의 정체성은 러시아 철학자들이 흔히 말해 왔듯이 러시아의 사상과 관련된 문제로서, 아주 결정적인 것은 아닐지라도 적어도 러시아의 아시아 정책 윤곽을 형성하고 있다는 점에서 매우 중요하다.

러시아 국가정신의 이중적이고 분열된 정향에 대한 주제는 1917년 10월 사회주의 혁명 이전까지 러시아 지성 논쟁의 끊임없는 주제를 형성해 왔다. 이러한 논쟁은 소비에트 체제가 붕괴하고, 새로운 러시아가 보다 분명한 자기 색깔을 갖게 되면서 또다시 재연되고 있다. 러시아의 운명과 관련된 서구주의자들과 슬라브주의자들 간의 오랜 논쟁은 아직도 계속되고 있어 이 문제와 관련된 아무런 합의점도 발견할 수는 없다. 그리고 보통 슬라브주의자들은 서구주의자들보다도 더 민족적이고 독자적인 목소리를 내고 있음을 알 수 있다.

오늘날 러시아에서 전통적인 의미로서 슬라브주의자들과 서구주의자들 간의 인식 차이는 많이 퇴색되었다. 그러나 러시아는 순수한 서유럽 국가도 아시아 국가도 아니지만, 분열적으로 양 문화와 정신, 그리고 200여년의 몽골 지배로 말미암은 생태적 인자를 동시에 지니고 있다는 점에서 향후 러시아의 사회적 발전은 자신의 독특한 방식과 전통에 따라야만 하지 않느냐는 컨센서스가 점차 형성되고 있음을 볼 수 있다.

그러한 유라시아 국가로서 러시아는 앞으로 서양과 동양 사이의 물질적 · 정신적인 교량 역할을 담당할 수가 있을 것이다. 그것은 이제까지의 무역, 운송, 그리고 커뮤니케이션의 장이라는 단순한 외형적인 의미로서뿐만 아니라 국제적 다문화주의를 향한 다양한 민족들의 보다 증대된 통합을 향해 천천히 진보해가는, 지구촌에서의 중재자 역할이라는 보다 미래지향적이고 적극적인 의미로서의 역할이라고 할 수 있다.

지난날 제정러시아와 소련 시기에 러시아인들의 역할은 그들이 일상생활과 조국의 단결을 염두에 두었을 때 분열적이라기보다는 오히려 단합하려는 경향이 있었다. 차리즘 통치의 억압적 성격과 볼셰비키 전체주의의 비인간적인 성격을 염두에 두더라도, 과거 소련 속에 내재된 다민족적 국제문화에 끼친 러시아인의 영향은 상당 부분 긍정적인 것이었다고 평가할 수 있다.

또한 과거 소련 공화국 안에 많은 러시아인들이 이주해 살았던 것을 식민지 활동 유형을 통한 러시아 정부의 '러시아화Russification' 정책의 일환으로만 보는 것은 잘못된 것이라고 할 수 있다. 소련 내 러시아인들은 보다 유연하고 적극적이며 잘 교육된 사람들로서, 러시아의 유럽 지역 도시들이 줄 수 있었던 제한된 환경을 벗어나 보다 나은 기회와 생활조건을 찾아 제국의 변방으로 이주한 것이다.

민족 구성의 다양성에 기초한 그들 민족 집단의 확고하고 독특한 전통 때문에 다민족 국가가 한 국가 내에서 다양한 민족 그룹과 문화를 용해하는 것은 아주 자연스러운 일이다. 바로 이러한 측면에서 소련 내 대다수 지식인들이 왜 러시아에 그러한 역할을 부여하려고 하는지 그 이유를 설명한다. 특히 이러한 논의는 소련 지역과 러시아연방의 사회적 구성 문제가 논의될 때 더욱 뜨겁게 달아오른다.

뛰어난 작가와 정치인들을 포함한 대다수 러시아 사람들은 민주주의는 반드시 서유럽 모델을 따라야 한다는 단순한 사고에 강한 거부감을 가지고 있다. 그들은 민주주의 정부의 개념에 대해 보편적인 견해를 받아들이면서도, 러시아는 그들만의 독특한 전통을 발전시켜 왔다는 점을 특히 강조한다. 그리고 볼셰비키의 1917년 10월혁명으로 왜곡된 러시아의 독자적인 발전 경로를 새롭게 조명하고, 그러한 자주적인 경로를 모색해야만 한다고 강조하고 있다. 그러면서 러시아는 그 자신의 독특한 문화와 문명을 유지하면서, 동시에 동양과 서양 두 세계의 가장 탁월한 사회적 발전 양태를 더욱 훌륭히 조화시켜 나가야 할 것이라고 말한다. 특히 러시아는 동양과의 강력한 연대 속에서 다민족성격을 가지고 있고, 앞으로도 계속 갖게 될 것이기 때문이다.

간혹 러시아의 텔레비전 속에서 대통령과 그의 측근들이 정교회 행사에 참석하는 모습을 보곤 하지만, 러시아는 확실히 이교도의 땅인 듯싶다. 역사 속의 페르시아 땅이고 포학한 물질주의의 땅이며, 절제되지 않은 탐욕과 무법·탈법이 난무하고 지도층의 부패와 타락이 도처에 산재해 있다. 따라서 진정성 있고 계속적인 정신적 개혁 없이 러시아의 정치적, 사회적 발전은 불가능하다. 그러나 그러한 정신적인 개혁이 러시아에서 일어난다면, 그것은 서유럽이나 미국식 정치제도를 고집한다거나 완전히 서유럽 정향이 되리라는 것을 의미하지는 않는다. 오히려 러시아는 동양의 유구한 역사와 전통으로부터 더욱 많은 것을 배우려 할 것임에 틀림없다.

아시아 지역에서의 러시아의 국가이익

지난날 소련의 붕괴는 지정학적 의미에서 러시아의 관심을 한층 동쪽으로 향하게 만들었다. 그것은 기본적으로 러시아가 유럽 지역에서 상당 부분 독립적인 활동공간을 상실한 데서 비롯된다. 서부지역에서는 이전의 바르샤바조약 국가들과 소련의 유럽 지역 공화국이라는 이중 벨트라인이 러시아에서 떨어져 나갔고, 남부 지역에서는 캅카스 지역 국가들이 분리되어 나갔다. 이제 러시아가 오늘날 세계 3대 강국이라고 할 수 있는 미국·중국·일본과 접경하고 있는 지역은 오로지 동쪽뿐이며, 북부와 동부 지역을 통해서만 바다와 직접 접할 수밖에 없게 되었다. 동시에 세계 경제 질서의 중심지는 이제 아시아·태평양 지역으로 옮겨지고 있다.

객관적으로 보아 이러한 추세는 러시아가 아주 절망적인 상황이 아니라면, 이 지역에서 외교활동을 강화하고 무역관계를 더욱 확대할 절호의 기회를 제공할 수 있을 것이다. 그러나 실질적으로는 러시아는 현 상황에서 아시아에서의 가시적인 정치적, 외교적 수단을 결핍하고 있다. 물론 러시아는 아직도 외교적으로 잠재능력을 과시할 수 있고, 시베리아와 극동지역에 산재한 풍부한 천연자원을 통해 외국 기업가들에게 인센티브를 제공할 수 있다. 그러나 가시적인 힘의 수단에 의해 지원되지 않는 외교활동과 안정되고 좋은 조건의 기업 활동 환경을 보장하지 못하는 일방적인 천연자원의 제공은 큰 설득력을 갖지 못한다. 1997년까지만 해도 러시아는 아시아·태평양경제협력체APEC의 회원국이 되지 못한 채,

단지 이 지역의 큰 나라 가운데 하나 정도로만 인식되고 있었다.[21]

또한 아시아 지역의 러시아 군사력은, 다른 지역도 마찬가지이긴 하지만 더욱 어려운 형편에 놓여 있다. 지상군은 수적으로는 막강하다고 하지만, 국가 전체의 지속적인 인구 감소 추세와 더불어 실질적으로도 큰 혼란 상태에 있는 것을 볼 수 있다. 상당수 군대가 불법적인 무역거래를 일삼고 있고, 군 지휘관들은 부정과 부패로 자신들의 사리사욕을 채우는 데 급급해 있다.

태평양지역 해군은 탄도미사일 탑재 원자력잠수함SSBN을 제외하고는 아주 열악한 상태에 놓여 있다. 한때 노보시비르스크와 민스크의 신형 항공모함이 44척의 다른 해군 함정과 함께 한국에 고철로 팔리기도 하였다. 더욱이 최근에는 러시아의 전체 인구 감소에 따른 군 인력난과 더불어 군인들의 규율 또한 최저 상태에 있다. 이 밖에도 해군 내의 '신참 괴롭히기'와 관련된 스캔들, 병사들의 심각한 영양실조, 군사장비와 관련된 빈번한 비리사건 등은 러시아 군대의 도덕성을 심각하게 훼손하고 있다.

이러한 상태에서 북태평양 안보를 새로 구축하기 위한 러시아 군사전략가들의 모든 제안은 실질을 결핍한 공허한 메아리로 남

---

21 러시아가 APEC에 가입한 것은 1997년 11월 캐나다의 밴쿠버에서 열린 제5차 APEC 정상회의에서였다. 러시아는 이 회의에서 베트남, 페루 등과 함께 정식 회원국으로 가입하였다. 기존 18개 회원국 지도자들은 APEC 조직의 지나친 비대화를 막기 위해 2007년까지 향후 10년간 신규 회원국을 받지 않기로 결정하였기 때문에 러시아는 사실상 마지막 버스를 탄 것이라고 할 수 있다. 1998년부터 APEC 회원국이 된 러시아는 이것을 러시아 외교의 '대승리'로 보았다.

게 되었다. 과거 이들의 제안에는 1) 아시아·태평양지역 안보의 새로운 질서 구축을 위한 다자간 교섭이라는 고르바초프 사고의 재현 2) 전략 습득을 위한 지원센터의 설립이라는 위기관리 시스템의 창설 3) '최소 억지' 달성을 위한 제한된 군사력과 핵 억지력의 확보 4) 쿠릴 열도와 남부 사할린 해양경계선 주변의 긴장 해소를 위한 러시아·미국·일본 삼자 협의 등이 포함되어 있었다.

지금까지 아태지역의 신뢰할 만한 안보 프로젝트는 1993년 아세안 정상들에 의해 창설된 아세안 지역안보포럼ARF인 것으로 보인다. 이 포럼은 미국, 중국, 일본, 러시아, 캐나다, 한국, 베트남, 라오스, 호주, 뉴질랜드, 파푸아뉴기니 등이 참여하고 있다. 매년 이 지역 안보 문제에 대한 정상들 간 회담을 개최하고 있다. 러시아는 1996년 이 회담의 아세안 정식 회원국 지위를 획득하였고, 이러한 지위는 미국, 일본, 인도, 중국, 그리고 유럽연합EU 등도 누리고 있다. 1997년 6월에는 러시아와 아세안이 모스크바에 '러시아·아세안 협력기구'를 창설하기도 하였다.

따라서 아태지역에서 러시아의 국가이익은 개괄적으로 다음과 같은 과제를 실현하는 데 있다고 할 수 있다. 1) 극동과 시베리아의 분리 방지와 이 지역에 대한 외국인 투자 유치 2) 극동과 시베리아 지역의 아태지역 경제협력 능동적 참여 3) 현재 가능한 모든 수단을 동원한 북태평양지역에서의 세력균형 유지 4)미국·캐나다와의 군사적인 면을 포함한 지역협력 발전 5) 중국과의 친선협력 관계 유지와 발전 6) 일본과의 관계 개선과 러·일 경제협력의 발전 7) 북한과의 관계를 유지하는 동시에 한국과의 경제협력 발전 8)경제협력, 무역, 무기판매 등 가능한 모든 수단을 동원한 동남아 국가들과의 우호관계 증진 9) 호주와 여타 남태평양 국가들과의 외교적 · 정치적 · 경제적 관계의 지속적인 발전 등이다.

최근까지 러시아 국내 사정의 안정화 경향과 독립국가연합CIS 국가들의 선언적 통합 추세 등으로 미루어 볼 때, 러시아 지방정부의 분리주의 움직임은 많이 사그라지고, 대신 지역적 경제협력을 통한 발전의 길을 모색하고 있는 것처럼 보인다.

그러나 이것이 장래 러시아 내부에 상존하는 분리주의 추세의 정치적, 경제적 위기로 재연되지 않으리라는 보장은 없다. 당분간 아시아 지역의 지방정부들은 모스크바의 권위를 인정하고, 중앙정부와 관계를 개선해 나갈 것으로 보인다. 그러나 동시에 중국인들의 극동지역 대규모 유입에 따라 언제 또다시 지방정부 지도자들이 그들의 독립 의지를 키워나갈지 몰라 러시아는 이러한 미래의 가능성에 깊이 우려하고 있다.

미국, 일본, 한국 등 외국인 투자자들은 현재 러시아 극동지역에서 매우 활발한 경제활동을 벌이고 있다. 그러나 그들은 러시아의 정치적, 경제적 불확실성과 투자에 대한 법률 기반 미비 등의 이유로 러시아 경제에 대한 장기투자를 아직도 꺼리고 있다. 그럼에도 나홋카 항구 주변에 설치된 자유무역지대로 말미암아 러시아는 가시적인 외국인 투자 유치에 일정한 성과를 거두고 있다. 더구나 러시아와 아시아 경제인들 사이에는 다른 많은 합작투자 상담이 아직도 진행 중이다. 앞으로 러시아의 투자환경이 더욱 개선된다면, 극동지역과 시베리아의 천연자원 개발과 원자재 생산을 중심으로 이 지역에서 매우 활발한 투자 유치와 경제 활동이 있을 것으로 보인다.

러시아의 동북아 정책과 변화

아시아·태평양지역의 '세력균형'은 이 지역의 모든 중요 행위자들에 의해 추구되는 정책에 따라 유지된다. 그러나 수시로 변하는 상황 속에서 그것을 적절히 규정하기란 결코 쉬운 일이 아니다. 중요한 지정학적 위상에도 불구하고 러시아는 아시아의 중심 세력으로서 이 지역의 4대 강국(미국, 중국, 일본, 러시아) 가운데 가장 미약한 영향력을 행사해 오고 있다.

러시아는 아태지역의 지속적인 평화와 안정을 이루어내기 위해 미국, 중국, 일본 세 강대국과 어깨를 겨루려고 계속 노력해 오고 있다. 하지만 태평양을 통한 미국과 러시아의 관계는 아직도 미미한 편이다. 아주 근소한 무역과 인적 교류만이 있을 뿐이다. 이 모든 것은 지난날 미국과 소련의 태평양 해군과 미사일 대치로 말미암은 것으로 보인다. 따라서 양국은 아직도 어업 교류, 러시아 목재와 원광 교역 등을 제외하고는 태평양 지역에서 적절한 협력 분야를 찾지 못하고 있다.

마찬가지로 일본과 러시아와 관계는 남쿠릴 열도 4개 섬 영유권 분쟁이 해결되지 않아 아직도 교착상태에 있다. 러시아가 1945년 점령한 이 섬들은 일본인들이 자국 영토라고 주장하면서 러시아 측에 조속한 반환을 요청하고 있다. 따라서 러·일 경제협력과는 별도로, 향후 이 문제가 어떻게 해결되느냐에 따라 양국의 기본적인 관계가 재정립될 것으로 보인다.

반면 중국과 러시아의 관계는 1990년대 이후 급속히 개선되어 국제사회에서 미국의 독주를 견제키로 하는 등 '전략적 동반자 관계'로 발전해가고 있다. 그러나 러시아의 북대서양조약기구NATO 접근은 중국으로 하여금 러시아의 진정한 의도가 무엇인지 의심케 하고 있다. 반대로 러시아는 극동지역 변경에서 이주 등을 통해 중국인들이 그들 지역을 잠식해 오는 것을 깊이 우려하고 있다. 이러한 의구심과 우려에도 오늘날 양국 관계는 군의 감축 등을 포함한 상호 신뢰 구축의 발전으로 빠르게 진행되어 오고 있다.

러시아는 한국과 외교관계를 맺음으로써 양국 간 선린우호관계와 경제적 협력관계를 강화해 나가고 있다. 그 과정에서 전통적인 동맹인 북한과의 관계는 한때 소홀해진 측면이 없지 않았다. 그러나 러시아는 푸틴 정부가 들어서면서부터 북한과의 관계를 복원하며 한반도에서 '남북한 등거리 외교'를 펼치면서 실리 우선의 외교정책을 전개해오고 있다.

2008년 러시아 국민들은 43세의 젊은 대통령 드미트리 메드베데프를 다섯 번째 국가원수로 맞이했다. 이와 동시에 총리로 임명된 푸틴 전 대통령은 새로운 내각을 구성함으로써 '메드베데프·푸틴' 양두체제가 공식 출범하였다. 러시아 사상 유례없는 이 양두체제는 오늘날 러시아 정치체제의 특수성을 반영할 뿐 아니라, 초대통령중심제를 토대로 한 러시아식 민주주의의 향배를 가늠하게 할 것이라는 점에서 국내외 관심이 쏠리고 있다.

오늘날 러시아의 정치·경제가 국제 역학구도의 중요한 동인을 이루는 에너지 수급 질서의 직접적인 영향 아래 있음은 그 누구도 부인할 수 없다. 2000년대 들어 7%대를 넘나드는 높은 경제성장률을 기록하는 가운데 이룩한 러시아의 국난 극복은 세계적인 고유가뿐만 아니라 푸틴 전 대통령의 강력한 리더십의 산물로도 평가되고 있으며, 뒤를 이은 메드베데프 신임 대통령도 이와 같은 경제적 성과를 국가 성장 기반을 공고히 하는 데 집중 투자해 나갈 것으로 보인다.

오늘날 정국 안정과 경제 회복을 토대로 강대국 재부상의 길목에 들어선 러시아 정부는 극동·시베리아 정책에서도 명쾌한 비전을 내놓고 있다. 즉, 이 지역의 획기적인 경제 개발을 도모하기 위한 '2008~13 극동·바이칼 개발 프로그램'을 내놓았다. 블라디보스토크 등 연해주의 주요 도시들을 시장경제 정착과 함께 중국 동북3성, 일본 열도, 미국 알래스카와 연결하는 동북아 경제권의 물류 중심으로 발전시키겠다는 야심 찬 계획인 셈이다.

러시아 정부가 극동·시베리아 지역 개발에 대해 보이는 이러한 특별한 관심은 향후 아태지역 발전에 대한 그들의 기대와 인식을 반영할 뿐만 아니라, 미국·중국·일본·한국 등 아태지역 주요 국가들과의 경제협력 확대를 전제로 한다. 아울러 그 이면에는 아태지역의 인구 증가 추이와 경제성장 추세로 볼 때 러시아 우랄 동쪽 지역의 에너지·광물 자원 수요가 폭증할 수밖에 없다는 확신도 찾아볼 수 있다.

오늘날 '에너지 초강국의 구현'이라는 푸틴의 전략은 동북아 지역에서 가장 구체적으로 표출되고 있다. 러시아는 동북아시아에서 주요 자원 공급 국가로서 칼자루를, 한·중·일 동북아 3국은 수요 국가로서 칼날을 쥐고 있는 상황에서 이는 어쩌면 당연한 상황 전개일지도 모른다. 더욱이 러시아는 자원을 무기화하는 데 필요한 모든 요소를 갖추고 있다.

시베리아 지역에는 아직도 정확한 매장량조차 확인되지 않은 막대한 양의 자원이 있고, 유라시아를 가로지르는 유리한 지정학적 위치에다 국가 지도층의 팽창주의적 의식까지 더해져 이러한 전략을 뒷받침하고 있다. 궁극적으로는 미국까지 이 지역의 수요국군에 끌어들인다는 전략을 세운 러시아로서는 군사안보적으로 극동군관구와 태평양함대 관할지역이 동북아시아를 겨냥한 에너지 안보전략 구사의 플랫폼이 될 수밖에 없는 것이다.

그 결과 소연방 해체 이후 중단되었던 대규모 군사훈련이 극동·시베리아 지역을 중심으로 더욱 활발하게 진행되고 있음을 볼 수 있다. 2003년 10여 년 만에 최대 규모의 군사훈련을 극동에서 전개한 이래 2004년에 이어서 지금까지 해마다 지속해오고 있다. 따라서 우랄 동쪽 지역 주둔 군사력의 재정비와 태평양함대 소속 전략핵잠수함 전력 재건 노력은 메드베데프 정부에서도 지속되거나 한층 더 강화될 가능성이 매우 크다고 볼 수 있다.

특히 가스프롬 회장을 역임했던 드미트리 메드베데프의 집권으로, 새 정부는 푸틴 정부에 버금갈 만큼 에너지 자원에 대한 국가 통제를 지속함은 물론이고 높은 대외 전략적 의존도 또한 지속될 것으로 보인다. 메드베데프 정부는 국내적으로 에너지 자원의 개발과 에너지 산업시설의 현대화를 도모하는 한편, 대외적으로는 송유관 통제·관리권의 확보, 국가 에너지 기업의 해외투자 확대, 신·재생 에너지 개발 협력 증진에도 힘쓸 것이다.

2008년에 들어서 러시아는 세계 1위의 가스 생산국 지위를 내세워 석유수출국기구OPEC식 가스 카르텔을 구성하기 위한 국제적 논의를 주도해 나가고 있다. 이 과정에서 러시아 에너지 의존도가 높은 한·중·일 동북아 3국에 대한 영향력은 다자 및 양자 협력의 주도권을 결정하는 외교적 지렛대로서 그 어느 때보다 더욱 큰 비중을 차지하게 될 것으로 보인다.

또한 러시아는 동아시아에서 전략적 균형을 이루기 위해 상하이협력기구SCO, 러·중·인 삼각협력 구상, 6자회담 등을 유용한 외교적 틀로 활용하고 있다. 특히 SCO는 러시아, 중국, 중앙아시아 4개국에 인도, 파키스탄, 이란, 몽골 등이 옵서버로 참여함으로써 범위로 따지고 보면 내륙 아시아 전체로 확대되어 러·중·인 협력관계와 상호 시너지 효과를 보이고 있으며, 향후 한반도에도 직간접 영향을 미칠 것으로 보인다.

이렇게 볼 때, 메드베데프 정부는 향후 한반도 정책에서도 갈수록 공세적인 자세로 나올 것이라는 전망이 가능하다. 푸틴 대통령은 두 차례 집권기를 거치면서 양자와 다자 할 것 없이 그 어떤 국제협상에서도 일정한 성과 없이는 결코 물러서지 않았다. 특히 한반도 문제에서 푸틴 자신의 현실적이고 실질적인 정책이 유달리 부각되어 왔음은 익히 알고 있는 바이다. 지금까지 남북한 등거리 외교론에 근거해 '실리 우선' 정책을 중시해온 러시아는 메드베데프 시대를 맞아서도 한국 정부와의 통상 및 방위산업 협력에서 한 단계 더 공세적이고도 명시적인 협상 태세를 갖추고 나올 가능성이 매우 크다고 본다.

동북아 안정은 러시아 국익에도 도움

아시아 지역에서 러시아의 국익은 전 국토의 4분의 3이 아시아에 걸쳐 있는 유라시아 국가로서 이 지역에서 매우 중요한 이해관계를 가지고 있음을 보여준다. 러시아는 현재도 아시아와 유럽 사이에 놓인 십자로, 즉 유라시아 광토의 핵심 지역에서 자국의 이익을 추구하고 있다. 그러한 지정학적 위상은 러시아에 양 대륙 간 교량역으로서 이점을 제공하고 있다. 오늘날 인터넷 등 새로운 통신과 교통의 발달 등으로 그것이 이전보다 중요하지 않을 수도 있다. 그러나 진정한 사실은 러시아가 자신의 독특한 문화를 간직한 채 동양과 서양 두 문화와 문명 사이에 계속 존재한다는 것이다. 러시아는 양 문명으로부터 최고의 것을 흡수해 자신의 독특한 문화 속에 그것을 결정화해 왔다는 자부심을 가지고 있다.

러시아는 아직도 경제적인 어려움, 생태계 파괴, 국민 불만, 인구 감소 등 매우 어려운 상황에 처해 있다. 러시아 국민들은 그동안 개혁이 그들에게 어려움과 고통만을 가져왔다고 불평하고 있다. 러시아의 아시아 지역 주민들의 상황은 더욱 나쁘다. 많은 사람들이 시베리아와 극동지역의 생활조건 악화로 말미암아 지금도 계속 유럽 지역으로 이주하고 있다. 또한 아태지역에서의 외교적 수단은 러시아가 당면한 과제를 수행하기에는 부정적인 것이었다. 따라서 러시아가 그동안 아시아에서 그들의 국가적 이익을 확보하기에 어려움이 많았던 것이 사실이다.

러시아는 순수한 유럽 국가도 순수한 아시아 국가도 아닌 유라시아 국가이다. 러시아는 오늘날 유럽 지역에서 실추된 국가적 이익과 자존심을 아시아 지역에서 되찾으려 하고 있다. 러시아의 아시아 정책은 기본적으로 이 지역에서의 세력균형 확보와 유지라고 할 수 있다. 따라서 북한과의 전통적인 우호협력 관계를 복구하고, 동시에 남한과의 경제적 협력을 추구해 나가려는 러시아의 한반도 정책도 크게 보아서는 동아시아 지역에서의 세력균형 유지라는 맥락에서 이루어지고 있음을 명심해야 할 것이다.

러시아는 기회가 있을 때마다 한국의 평화적 통일을 지지하고, 한반도에서 경제적으로 번영하는 통일국가의 탄생은 러시아의 국가 이익에도 합치한다고 강조해왔다. 여기에는 여러 가지 함의가 있겠지만, 현재 북한 때문에 단절되어 있는 동북아 경제권과의 완전한 연결이 가능할 것이라는 전망에 가장 큰 의미가 있을 것이다. 더 나아가 통일한국의 경제적 역동성은 러시아 경제체제의 불완전성을 보완해줄 것이라는 기대심리도 작용하고 있다. 우수한 노동력과 진취적 기업가정신을 갖춘 한국의 기업이 지리적 연장선상에 있는 러시아의 극동·시베리아 지역에 대한 투자와 교역을 늘릴 경우 러시아의 노동력 부족과 투자 부진으로 소외되어 있는

이 지역의 경제 발전이 활성화되리라고 보는 것이다.[22]

러시아는 한반도를 포함한 동북아 전체의 평화와 안정이 자신들의 국익에 부합하는 국가이다. 동북아의 안보·경제 문제 해결과 정세 안정을 이루는 일은 남을 위해서가 아니라 바로 러시아를 위해 긴요한 일인 것이다. 한국이 러시아와 동북아 지역에서 공동의 이해를 바탕으로 상호 협력할 가능성은 바로 여기에서 출발한다.*

---

22 러시아 사회학자 블라디미르 수린 박사의 '한·러 공생국가론'(코리아 선언)도 이와 같은 맥락에서 바라볼 수 있다. 한·러 공생국가가 성공하기 위해서는 국가 차원의 상호 신뢰와 더불어 상호 내국민 대우 등 법률적인 기반이 마련되어야 할 것이다.

베링해협 평화포럼 창립기념
블라디미르 수린 박사 초청강연회

평화통일재단은 2008년 11월 28일 서울 센트럴시티 컨벤션센터에서 러시아의 석학 블라디미르 수린 박사를 초청, '21세기의 프런티어 시베리아 개발은 한민족 손으로' 라는 주제로 강연회를 개최했다.

블라디미르 수린 박사 초청강연회 이모저모

인사말을 하는 곽정환 평화통일재단 이사장　　박승호 포항시장

김진명 작가　　　　　이흥교 범어사 주지　　　김우석 전 내무부 장관

朝鮮日報

A28

사람들

"러시아가 살려면 한국과 손잡아야"

'한·러 공생국가론' 주장 블라디미르 수린 박사

"시베리아 개발 파트너로 한국보다 나은 나라 없어 러시아가 생존하려면 한국 이런 받아들여야"

세계일보

"한·러 '공생국가' 이뤄 위기 타개를"

러 사회학자 수린 박사 강연회

"양국 힘 합쳐 시베리아 개발하면 저출산·영토 문제 한번에 해결"

한국일보

◆ 지평선

한·러 공생국가론

月刊朝鮮

블라디미르 수린 러시아 주요사회문제연구소장의 異色 제안

"시베리아 자원개발 통해 한-러 共生국가 만들자"

급격한 인구감소로 국가 생존의 위기에 처한 러시아가 영토를 보존하고 미래에 살아남으려면 한국과 共生국가를 만들어 한국인들이 시베리아에 자유롭게 이주할 수 있게 해야

제3부
한국·한민족의 미래 전략

"이러한 프로젝트는 처음부터 대규모 사업으로 추진하기보다 민간 기업 차원에서 순수한 경제적 이익과 사업의 영리성 추구 차원에서 접근되어야 하며, 단계적이고 점진적인 방법으로 추진되는 것이 오히려 더 현실적이고 바람직하지 않을까 생각된다. 그래서 수린 박사가 지핀 작은 불씨를 활활 타오르게 함으로써 우리 민족의 꿈을 키워 나가는 계기로 삼을 수 있지 않을까 기대해본다."

— 라종일

"냉전의 해체, 평양 정상회담과 남북관계의 개선, 철의 실크로드 구축, 동북아 중심국가론, '코리아 선언', 한·러 3대 신실크로드 구상으로 이어지는 일련의 흐름 속에서 대륙 진출을 위한 유리한 환경과 그 가능성을 확인할 수 있다. 그런 측면에서 대륙국가의 꿈은 이미 공상 차원을 넘어서 현실 문제로 진입한 느낌이다."

— 홍완석

세계 정치의 현실과 한민족의 진로

라종일 | 우석대학교 총장 전 일본 · 영국대사

2008년 11월 서울에서 평화통일재단이 '시베리아 개발은 한민족의 손으로'라는 주제 아래 개최한 초청강연회에서 블라디미르 수린 박사가 발표한 '한 · 러 공생국가론'(코리아 선언)은 현재 국제사회가 직면한 에너지 · 자원 위기의 시대에 새로운 좌표를 제시하는 매우 의미 있는 국제개발 어젠다이다. 특히 현재 러시아가 당면한 인구 감소와 극동지역 개발 문제를 한국의 전략적 이해관계와 세력균형 차원에서 공동 협력의 필요성을 연계한 매우 이상적이며 열정적인 프로젝트로 볼 수 있다.

수린 박사의 충격적 제안

사실 이러한 대규모 국제공동개발 프로젝트는 오늘날 지구촌사회가 직면하고 있는 식량·자원 고갈과 인구 감소 문제를 국가 간 공존·공영의 국제개발 협력 차원에서 분석하여 새로운 해법을 제시한 매우 미래지향적이며 시사적인 제안이다. 더구나 이러한 한·러 공동 개발이 단순한 경제적 상호 보완성의 범위를 넘어서서 동북아의 세력균형과 전략적 이익까지 고려한 거시적 국제개발 어젠다인 만큼 이러한 제안이 개념적 수준을 넘어서서 실제로 현실화되고 가속화된다면 세계사의 새로운 이정표를 제시하고 세계 안보전략 지형도의 변화를 야기할 만큼 충격적인 국제적 사건이 될 것이다. 다만, 이러한 이상적 프로젝트가 보다 구체화되고 현실화되기 위해서는 현실적 한계와 국제정치적인 문제점 등 고려해야 할 점이 없는 것이 아니다.

20여 년 전 전 세계가 한창 냉전 종식과 새로운 세계 질서의 전망에 들떠서 일부 인사는 '평화 배당금Peace Dividend'까지 거론하던 시기에 어느 국제회의에서 '신세계 (무)질서Toward A New International Order or Disorder: Three Uncertainties'라는 제목의 기조연설을 한 일이 있었다.

연설의 요지는, 우리가 흔히 우리 생각을 정리하기 위해 편의상 역사를 시대별로 구분하고, 더 나아가서는 한 시대가 가고 다른 시대가 왔다는 등의 말을 하거나, 또 새로운 시대에서 어떤 새로운 특징이나 새로운 희망 또는 우려 등을 전망하기도 하지만, 실은 인간의 역사란 '슬기' 혹은 이은 자리가 없는 물길의 흐름같이 지속되는 것이 아닌가 하는 것이었다. 이어서, 인간 사회에 이어지는 문제나 잠재된 현실들은 다른 형태를 취하거나 혹은 다르게 보이는 문제로 계속 남는 것이라는 이야기를 하였다.

당시 나는 구체적으로는 패권 유지와 이에 대한 저항의 문제를 놓고 몇 가지 현안을 제기하였다. 첫째로 어떤 국가나 집단이건 인간 사회와 역사의 흐름을 주도하려는, 혹은 배타적이고 절대적인 지위를 주장하는 세력과 필연적으로 여기에 저항하는 집단의 갈등은 그대로 계속되지 않겠는가 하는 것이었다.

둘째로 흔히 이념의 시대 혹은 민족주의의 시대는 지나갔다는 낙관적인 전망이 있는 반면, 사람들 사이에서는 그대로 어떤 신념 혹은 정체성에 뿌리를 둔 갈등들이 있지 않겠는가, 특히 민족주의는 미래에도 여전히 강력한 정신적 혹은 정서적 요인으로 남지 않겠는가 하는 것이었다.

끝으로 필자는 세계정치에서 큰 전쟁은 없을지라도, 특히 국제 체제의 변경 영역에서 전쟁도 일어나고 그 이외에도 여러 형태의 폭력 행사가 계속되지 않겠는가 하는 예상이었다.

두보(杜甫)의 시에 '江流石不轉(강류석부전)' 이라는 구절이 있듯이, 역사가 흐르고 변화가 있을지라도 사람이 짧은 시간 내에 크게 달라지는 것이 아닌 한 '새로운 세대' 에 관하여 생각해보는 것은 해로운 일이 아니지만, 너무 큰 기대를 하거나 반대로 너무 심각한 우려를 하는 것도 옳지 않다고 생각한다. 현실은 매일 새롭게 바뀌고 있지만 다른 한편으로는 과거의 계속이기도 한 것이다.

그러나 지금 세계는 금융위기에서 보듯이 엄청난 속도로 변화하고 있다. 이러한 와중에 미국 중심의 국제질서 역시 변화하지 않을 수 없을 것이다. 이런 점에서 수린 박사는 환태평양 중심의 새로운 개편을 예상하고 있다. 물론 수린 박사의 예측대로 된다고 볼 수는 없지만, 중국이 부상하면서 동북아시아에서 위상이 크게 강화되고 있다. 여기다가 러시아가 인류에게 마지막 남은 자원의 보고인 시베리아 개발에 적극 나서게 되고, 이를 위해 한국과 손을 잡게 될 경우 역시 동북아의 역학구도에 상당한 변화가 불가피할 것으로 전망된다.

물론 수린 박사의 제안은 아직 개인적 차원을 뛰어넘지는 못하고 있지만, 러시아를 포함한 동북아 국가 간에 앞으로 전개될 여러 상황을 예측하면서 내놓은 구상이란 점에서 우리에게 시사하는 점이 한두 가지가 아니다. 그래서 앞으로 전개될 세계 정치 질서에 비춰 보면서 한민족의 진로를 모색하고자 하는 것이다.

패권과 강대국

현재 세계정치에 관심이 있는 사람들 사이에서 가장 민감한 화두는 앞으로 미국의 위상과 역할에 관한 것이 아닌가 한다. 실상 미국은 2차 대전 이후에 세계에서 패자 역할을 수행하여 왔다. 그러나 패자라고 하여도 완전히 평정 가능한 것은 아니어서 항상 저항세력의 포켓이 있게 마련이다.

미국이 패권을 행사한 반세기가 넘는 기간에도 미국은 끊임없이 저항세력 혹은 반대세력과 투쟁하여 왔다. 그 반대세력 중에는 단순한 패권에 대한 저항뿐만 아니라, 미국과 같은 수준의 다른

'초강대국superpower'을 중심으로 패권의 대체를 지향하는 세력도 있었다.

이 세력이 몰락한 후에는 이른바 단극체제의 시기로 미국이 '초강대국'을 넘어 혹자의 표현을 빌리면 '과대 강국hyperpower'이라는 말을 들을 정도로 심각한 도전세력도 없는 패권국의 지위를 누린 기간이 한동안 지속되었는데, 이런 시기가 이제 끝나가지 않는가 하는 것이 관심 대상이 될 수밖에 없을 것이다.

이 문제를 들여다보기 전에 먼저 강대국이나 패권국가에 대하여 잠시 살펴보는 것이 좋지 않을까 생각한다. 힘이 많은 나라를 우리가 강대국이라고 흔히 부르는데, 필자는 '강국'과 '대국'을 개념적으로 나누어 보아야 한다고 생각한다. 그저 힘이 많은 나라, 즉 경제적으로 부유하고 군사적으로 강한 나라를 강국이라고 한다면 대국은 이런 힘에 더 보태어서, 예컨대 다른 나라에 자신의 도덕적인 메시지를 전할 수 있는 나라이다. 말하자면 자기 나라가 발전하는 과정에서 겪은 경험들이 다른 나라에 정신적으로나 도덕적인 교훈이 될 수 있는 나라이어야 대국이라고 할 수 있으며, 강대국이란 강력한 부와 무력뿐만 아니라 타국에 추종할 모델이 될 수도 있는 나라이다.

패권 국가란 우선 타의 추종을 불허할 만큼 뛰어나게 강력한 군사력과 경제력뿐만이 아니라 도덕적인 설득력도 갖추고 있는 강대국이어야 한다. 지난 세기를 예로 들어 보아도 강국은 많았지만 대국은 찾아보기 힘들지 않았는가 한다. 쉬운 예가 제국주의 시절의 일본이나 나치 치하의 독일, 그리고 공산주의 시절의 소련은 모두 강력한 힘을 가진 나라들이었고, 이 힘을 바탕으로 제국을 건설하였으며, 나아가서는 일정한 영역 내에서 패권적인 지위까지 추구하였지만 모두 실패와 희생의 기록만을 남기고 단명으로 끝나고 말았다.

　적어도 어느 정도 기간에 지속적으로 강대국의 위상을 유지하려면 대외적인 영향력을 행사할 수 있는 능력만이 중요한 것이 아니고, 내적으로도 넓은 의미에서 문화적 또는 제도적인 성숙도가 필요하다. 예를 들자면, 심한 정도로 억압이나 사실 왜곡 없이 내적으로 국민적인 합의를 이룰 수 있는 정치, 사회, 그리고 제도적인 능력이 없이는 오랜 기간 강대국의 지위를 유지할 수 없다. 왜냐하면 국내에서의 무리한 통치 질서는 필연적으로 대외적인 부담을 수반하기 때문이다. 패권적인 지위를 추구하거나 유지하여야 하는 나라에서는 이것이 더욱 중요한 문제이다. 패권이란 현실적인 힘 이외에도 이념적, 도덕적 혹은 문화적 설득이나 순치에 의해 유지되기 때문이다. 말하자면 이념·신념체계, 문화 같은 상부구조도 경제력이나 군사력 못지않은 패권구도의 한 부분이라는 것이다.

　잘 알려진 안토니오 그람시 같은 사람은 이런 점을 그의 독특한 패권이론에 반영하고 공산주의 혁명과 관련하여 국내 정치 현실 분석에 사용하기도 하였다. 역사적으로 어느 나라가 패권국은 물론 강대국으로 성장하는 과정을 지켜보면 이것이 의도적이며 정책적인 추구로 이루어지는 것이 아니라 거의 '자연적'이라고 할 만큼 내적인 성장의 결과가 아닌가 한다. 말하자면 강대국이란

'만들어지는 것이 아니라 성장의 결과 어느 날 이루어지는 것'이라는 것이다.

미국의 지위, 당분간 유지 가능성 크다

이제 애초의 관심인 오늘날의 세계에서 패권 문제를 살펴보자. 패권에 관한 정의와 이론은 다양하게 있고 그와 관련된 학문적인 혹은 실제적인 논쟁도 많지만 여기에서 그런 것들을 일일이 소개할 수는 없다.

일설에 따르면 열국이 상쟁하던 중국 춘추전국시대에 어떤 제후가 다른 제후들을 모임에 초청하여서 한 사람도 빠지지 않고 참가하도록 할 수 있으면 그를 '패자(霸者)'라고 불렀다고 한다. 가장 단순하게 말하자면 패권이란 국가를 포함하여 어느 집단이 자신이 상정하는 질서를 자기가 정의하는 환경에서 유지하는 능력이라고 할 수 있다.

패권 집단 혹은 국가는 끊임없는 투쟁과 갈등에 직면하여야 한다. 패권에 도전하는 세력을 견제하여 확장을 막아 적어도 심각한 도전이 되지 않도록 봉쇄해야 하며, 저항세력은 평정하거나 적어도 고립시켜서 말썽의 소지를 최소화해야 한다. 뿐만 아니라 패권에 직접적인 도전이 되는 것이 아닐지라도 패권을 잠식할 수 있는 지역적·군소적 패권의 성립 혹은 성장을 막아야 한다.

패권에 대해서는 시각에 따라서 이를 국제체제의 안정을 유지

해준다는 면에서 긍정적으로 평가하는 사람이 있는가 하면 도덕적인 면에서 부정적으로 평가하는 측도 있다. 그러나 우리에게 중요한 문제는 패권에 대한 이론적인 논쟁이 아니라 현실적으로 한동안 패권을 유지해온 미국의 지위나 역할에 관한 장래의 전망이다.

이 문제는 우리에게 단순히 학문적인 관심의 대상에 그치는 것이 아니며 매우 심각한 현실적인 문제이다. 왜냐하면 지난 반세기를 훨씬 넘는 기간에 미국이 주동이 되어 유지하는 국제질서 내에서 우리나라는 안전보장을 꾀하고 아울러서 경제적, 정치적 발전을 추구하여서 오늘날에 세계 10위 언저리의 경제력을 갖추고 민주화 수준에서도 선진국과 어깨를 견줄 수 있는 나라를 이룩하였기 때문이며, 또한 이 질서에 큰 변동이 발생한다면 우리에게 미칠 영향도 매우 클 것이기 때문이다.

국가의 패권적인 지위를 연구하는 학자들에 의하면 패권을 유지하기 위해서는 패권국가의 경제적 힘이 자기 영역 내에서 총 생산량의 3분의 2 정도가 되어야 한다고 말한다. 제2차 세계대전 이후 미국의 경제력이 전 세계 생산량의 반 이상을 차지하였다고 하며, 오늘날에는 3분의 1을 조금 넘는 수준이라고 한다. 미국 국력의 상대적 쇠퇴는 확실한 현실이며 이것은 실은 오래 전부터 예견되었던 일이다. 미국이 오랫동안 명실상부하게 유지하여 온 세계 차원의 패권국가의 위상과 역할에 변동이 있으리라는 것에는 의문의 여지가 없다.

그렇다면 몇 가지 문제들이 제기된다. 즉, '미국을 대체할 새로운 세력은 있는가', '미국이 견제해온 지역 패권세력의 등장은 가능한가', '미국의 패권과 미국 주도의 세계질서에 도전하는 저항 세력과의 관계는 어떻게 전개될 것인가' 등의 문제들이다. 독자들은 이 글의 앞에 나온 몇 가지 장황한 이야기들이 실은 이런 현실적으로 중요한 문제들에 대한 고찰을 위한 것임을 알았으리라 믿는다. 첫 번째 질문에 대한 답은 물론 부정적이다. 미국 국력의 쇠퇴에도 불구하고 미국을 대체할 나라는 적어도 예측 가능한 장래에 없을 것이다.

두 번째 문제에 관한 답도 부정적이다. 여러 지역에서 새롭게 힘을 갖추는 나라들이 등장하지만 이들 중 특정 국가가 지역 내에서 패권을 확립하리라는 전망은 불확실하다. 아시아, 중동, 유럽 등 여러 지역을 살펴보아도 국내 상황도 문제이거니와 대외적으로 지역 내 다른 세력들의 견제, 그리고 앞에서 본 바와 같이 세계적인 차원에서 미국의 패권이 계속되는 한 어느 한 세력이 지역 내에서 안정적인 패자로 등장하기는 어려울 것이다.

세 번째 문제에 대해서는 뒤에 다른 주제들과 관련하여 살펴볼 기회가 있으리라 여긴다. 그러나 이 부분을 끝내기 전에 앞으로 미국 주도 질서의 변화 전망에 관하여 일별하지 않으면 안 된다.

미국은 아마도 패권적 역할을 수행하면서 다른 나라 혹은 세력과 '협동을 조직할 수 있는 능력'에 크게 의존해야 하리라는 것이다. 이것은 우리에게 대미 외교에 국한되는 것이 아닌, 국내 문제를 비롯하여 세계에서 우리의 위상및 역할 개척과 관련해 광범위하고 심각한 많은 시사를 주는 것이다.

미국 패권에 도전하는 세력들

미국의 패권과 현존 세계질서가 변화를 겪으면서도 한동안 유지되리라는 전제를 하면 앞으로의 전망은 복잡하기 그지없다. 우선 우리 자신의 처지를 살펴보면, 우리도 어김없이 현존 질서의 일부이며 그 질서를 유지하는 데 있어서 책임의 일부를 부인할 수 없고, 따라서 그 질서를 파괴하려는 세력에게는 공격 목표가 될 것이다. 최근 발생하는 한국인을 겨냥한 테러사건들은 세계질서 내에서 우리의 좌표를 다시 한 번 확인하게 해준다.

미국의 패권에 도전하는 세력은 크게 둘로 나누어서 생각해볼 수 있다. 첫째는 현존 세계질서에 대하여 근본적인 반대는 없지만 미국의 주도적 지위에 대하여서는 불만이 있는 나라들이다. 이 세력들은 미국 주도의 일정한 정책들이 자기네 국익에 유리하지 않다고 생각하는 정도를 넘어서, 미국의 패권적 역할 행사에 반대하며, 나아가 자국 중심의 세력권을 형성하려 하거나 일정한 영역 내에서 자신의 패권적 지위를 확립하려 하는 것이다. 그러나 적어도 냉전 종식 이후에는 현존 세계질서, 즉 근대적 발전의 추구나 포괄적인 의미에서 시장경제와 민주주의를 바탕으로 하는 것에는 국가들 사이에서 근본적인 이견은 없다. 따라서 이 국가들은 현 세계질서에 대한 급진적인 대안을 추구하는 것도 아니다. 한국은 앞으로 미국과 동맹관계를 유지하면서도 이 국가들과 협력을 추구하는 것이 중대한 외교 과제가 될 것이다.

그러나 두 번째 저항세력에서는 문제의 성격이 매우 다르다. 이 세력들은 대체로 근대화에 실패하였거나 근대화를 거부하는 사람들로서, 국가 형태를 갖춘 경우도 있지만 비국가적인 행위자non-state actor인 경우가 많다. 오늘날 미국뿐만 아니라 미국을 중심으로 하는 근대적 세계질서를 거부하거나, 혹은 막연하나마 국제사회의 기본적인 행위 규범을 따르기를 거부하는 집단들은 근대적인 의미에서 경제적으로나 정치적으로 성공한 나라들이나 세력이 아니라 오히려 실패한, 어떻게 보면 약체 세력들인데 역설적으로 이들이 현재 세계의 가장 큰 불안정 요인이자 안보 위협으로 등장하고 있다.

흥미 있다고 하기에는 어폐가 있을지 몰라도 금일의 안보 상황을 보면 토머스 홉스의 자연 상태, 즉 아무도, 설혹 가장 강한 강자일지라도 완전한 안전보장을 기할 수 없는 상황을 연상하게 된다. 미국 워싱턴DC를 방문한 경험이 있는 분들은 중요 시설들에 대한 경비가 엄청나게 삼엄하며 공항 검색도 염증이 날 정도로 심한 것을 느꼈을 것이다. 비단 미국 국내뿐만 아니라 해외에서도 미국인이나 미국 시설 등은 다른 어떤 나라들보다 더 큰 안보 위협에 직면해 있는 것을 볼 수 있다. 세상에서 가장 강력한 무력을 보유하고 있는 나라가 가장 큰 안보 위협에 직면해 있다는 사실은 현 세계의 역설적인 상황을 단적으로 보여준다.

이런 문제가 현재의 특이하며 새로운 현상이라고 생각하는 분들이 있지만, 실은 그렇게 새로운 것만은 아니며 근대화의 시작과 함께 오랫동안 지속되어온 어떤 현실의 새로운 등장이라고 보는 것이 옳겠다. 이른바 9·11사건이란 21세기에 갑자기 나타난 특이한 경험이 아니라, 그 기원을 근대화의 시작부터 있었던 근대화에 대한 저항에서 찾아보아야 한다고 생각한다. 즉, 근대적 개혁에 대한 종교적 혹은 정신적·정서적 저항, 국가에 대한 사회의 저항, 특히 국가의 무력 독점에 대한 일부 세력의 저항 등에서 찾을 수 있다고 생각한다.

현재 미국뿐만 아니라 세계의 여러 주권 국가들이 직면하고 있는 이슬람 테러집단들의 위협에서 쉽게 예전의 경험들을 상기할 수 있다. 근대국가 성립 과정에서 교권과 속권의 갈등이나, 근대화 과정에서 근본주의자들의 저항, 주권 국가와 사회 세력 간의 갈등, 그리고 근대적 합리주의에 대한 낭만주의적인 거부 등에서 선례를 찾아볼 수 있다. 관련이 없는 것처럼 보일는지 몰라도 나치 독일이나 파시즘, 그리고 천황을 위하여 기꺼이 목숨을 바치라고 가르치면서 젊은이들을 죽음으로 내몰던 일본 군국주의 이념의 경우에서도 현 알카에다와 같은 뿌리를 볼 수는 없는가. 이 전근대 혹은 반근대 세력들이 다른 한편으로는 가장 근대적인 기술이나 조직의 방식을 차용한다는 것도 관심을 끄는 일이다. 이 점은 오스발트 슈펭글러 같은 사람이 일찍이 지적한 바도 있다.

테러집단의 대규모 공격 예상

물론 현재 이슬람 테러집단이나 다른 저항세력들이 등장하게 된 구체적인 여건들은 새로운 것이며, 이들의 활동 양상도 새로운 것이다. 폭력 행사도 예전의 무정부주의자들 경우처럼 소수의 지식인 집단에 국한되거나 혹은 북아일랜드의 경우처럼 한 나라나 일정한 지역에 국한된 것도 아니며, 큰 규모의 대중적 지지기반에 뿌리를 두고 민족이나 국가의 구별을 넘어서 전 세계적인 규모로 행하여진다. 역설적이지만, 이것도 현대의 메가트렌드인 세계화 때문에 기술적으로 가능하게 된 것이다. 정보기술IT 혁신은 실시간적인 현장 연결과 통신, 학습 등으로 테러조직이 분산되어 소규모 단위로 활동할 수 있게 해준다. 즉, 자금조달에서 요원 훈련, 테러 목표의 전달 등 모든 활동영역에 걸쳐서 모든 것이 온라인으로 이루어질 수 있으므로 대규모 조직이나 이를 지휘할 중앙조직이 필요치 아니한 것이다. 다른 말로 하면 어느 한 주권국가도, 설혹 세계 유일 초강대국일지라도 이들과의 투쟁을 일거에 깨끗하게 정리할 수 없다는 것이다. 또한 이들은 실패한 국가들과 제휴하거나 이들로부터 활동 기지를 제공 받을 수 있다.

더욱 심각한 문제는 대량살상무기WMD 확산 전망이다. 현재까지 WMD 확산 방지 노력은 일정한 정도로는 성공을 거둔 셈이라고 할 수 있다.

그러나 중요한 문제는 새롭게 핵보유국으로 등장한, 혹은 그렇게 하려고 하는 나라들이 바로 근대화에 실패하거나 근대에 저항하는 세력이란 사실이다. 이 점은 현재 세계의 가장 큰 안보 불안을 시사하고 있다. 즉, 이러한 무기들이 테러리스트들의 수중으로 들어가든가, 아니면 국제질서를 심각하게 착란하는 방식으로 사용될 가능성이다.

필자의 학창 시절 은사였던 어떤 교수는 결국 모든 나라가 핵무기를 보유하게 될 것이고, 그 후에는 전쟁이 불가능한 영구 평화의 시기가 올 것이라는 말씀을 하신 일이 있다. 즉, 핵무기의 엄청난 파괴력 때문에 아무도 전쟁을 할 수 없게 되리라는 것이었다. 그러나 이 말씀은 어느 정도로 합리적인 사고와 결정을 하는 주권국가를 상정할 때에는 일리가 있을 수 있지만, 이른바 실패한 국가나 자살공격을 하는 테러리스트일 경우에는 해당되지 않는 낙관론일 수밖에 없다.

이렇게 보면 냉전 시기보다 가까운 장래에 WMD가 등장하는 전쟁이나 대규모 폭력사태의 위험이 더 커졌다고 볼 수 있다. 핵무기 이외에도 비교적 손쉽게 손에 넣을 수 있는 생물 · 화학무기 혹은 방사능무기 등을 생각해보면 세계의 안보 상황은 안심할 수 없는 형편이다.

세계 신질서 주도할 역량 키워야

그러면 이러한 세계정치의 현실에서 우리는 진로를 어떻게 개척하여야 하는가. 위에서 살펴본 현 상황은 세계 주요 국가들이 당면하고 있는 공통 문제들 중에서 적어도 안보에 직결된 문제에 관해서는 적극적인 협력이 요구된다는 것을 말해준다. 그러나 각국의 정치적 혹은 경제적 이해관계 때문에 이것이 여의치 않은 상황이다.

나라들은 자신들의 영향력이나 자원의 확보 등을 위한 경쟁에 몰입하는 경향이 심화되고 있다. 지난 반세기에 걸쳐 우리가 온갖 어려움을 극복하고 이룩한 발전으로 한국도 국제사회의 중요한 일부분이 되었다. 한국이 할 수 있는 중요한 사명은 현 세계에서 나라들 사이에서 교류와 협력을 조직하고 친선을 제도화하는 것이다.

　그렇게 하려면 우선 국내 차원의 외교나 통일 문제에서 폭넓은 '국민적 합의'를 이룩할 수 있는 '지도 역량'이 중요하다고 생각한다. '국민적 합의'란 물론 100%나 혹은 그에 가까운 수적인 의미가 아니라, 대외 문제에서 심각한 분열과 갈등을 노정하지 않으면서 여론과 정치를 주도할 수 있는 정도의 주류 형성을 뜻한다. 이런 실례는 선진국이라고 하는 나라들에서 흔히 찾아볼 수 있다. 우리나라는 특히 정치권이 이념이나 정책적인 면 이외에 지역적으로도 분열되어 있는 것은 유감스러운 일이다. 수세기 전에 이미 윌리엄 하코트 경은 의회정치가 유지되려면 반대 당 인사들과 자주 식사를 함께해야 한다고 말한 일이 있는데, 이는 우리 정치에도 시사하는 바가 크다고 하겠다.

　국제사회에서 한국의 정체성은 지역적인 혹은 토착적인 특이성이 아니라 최근에 이룩한 근대성이며, 또한 이 근대성이 내포하는 개방적이며 합리적인 인본주의이다. 필자의 경험으로 외국인들이 한국에 관해서 가장 인상 깊게 받아들이는 것은 월드컵도, 한 해의 수출 실적도 아니고 10여 년간 사형 집행이 없었다는 것이나, 외국인 거주자들에게도 일정한 요건을 갖추면 지방선거 투표권을 부여한다는 것 등이었다.

마찬가지로 우리 민족의 숙원인 통일에 관해서도 통일의 궁극적인 목적, 즉 무엇을 위하여 그렇게까지 통일을 바라는가 하는 점에 관해서는 국내외에 적절한 설득이 없는 것 같다.

우리는 통일을 이루어서 부국강병의 국가를 건설하여 내로라하고 이웃에 뽐내보려는 것이 아니지 않은가. 우리의 통일은 우선적으로 한반도 주민들이 각자 더 좋은 생활의 질을 추구할 수 있게 하고, 모든 영역에서 선택 폭을 넓게 하며, 도덕적으로 더 높은 수준에 이르도록 하기 위한 것이다.

말하자면 우리의 통일은 인간적인 과제human agenda이지 정치적인 과제political agenda에 그치는 것이 아니다. 나아가서는 통일을 통해서 주변의 모든 이웃에게 안정과 평화 그리고 번영의 혜택이 돌아가야 한다. 이런 일들은 물론 정치 지도자나 정치권만의 일이 아니다. 학계와 언론계, 재계, 시민사회의 여러 인사들이 각기 자기의 주 관심 분야에서 활동하더라도 궁극적으로 일정한 구심점과 일맥상통하는 목표들을 가지고 국제사회에서 민족의 위상과 역할을 추구하는 것이 우리 민족의 진로를 개척하는 것이라고 믿는다.

그러기 위해서는 역시 정치적 지도 역량이 궁극적으로 주요 관건이 될 것이다. 바야흐로 세계 질서의 큰 흐름을 읽는 뛰어난 안목으로 모든 이들의 열망을 동원하고 민족의 진로를 개척해 나가는 열린 리더십, 희망의 리더십이 요청되는 시대이다.

'한·러 공생국가론'의 선결과제

수린 박사가 제안한 '한·러 공생국가론'은 한민족의 진운에도 엄청난 영향을 끼칠 것으로 보인다. 우리 민족의 숙원인 남북통일과 고구려 시대 우리의 영토였던 북방 진출 등을 거론하고 있기 때문이다. 지금 우리는 지역 블록화와 무역자유화 등으로 국경의 의미가 퇴색되고 있다고 할 정도로 글로벌 시대에 살고 있다. 그런 점에서 자원을 중심으로 한 세계질서 재편을 예상한다면 시베리아 개발을 중심한 '한·러 공생국가론'은 우리에게 상당한 의미가 있다고 본다.

'한·러 공생국가론'은 물론 현실적 한계점을 극복할 수 있어야 한다. 그 첫째가 한국인 이주 문제이다. 우선, 자녀 교육 목적으로 선진국으로 이주하는 남한 주민은 큰 동기 부여가 되지 않을 것으로 보여 고려 대상이 되지 않을 것이다.

그 대안으로서 북한 주민이나 해외교민 이주가 대상이어야 할 텐데 현재 탈북자 문제로 심각한 인구 감소에 대해 고민하는 북한이 과연 국가 차원에서 수십만 명에 달하는 북한 주민의 해외이주를 허용하겠는가 하는 것 역시 문제이다.

그리고 남한 자본의 유입 문제이다. 남한 자본 유입과 러시아 극동의 자원, 북한 노동력을 연결하는 문제도 이미 지지부진한 두만강 개발 사업이 보여주듯이 기업의 영리적 활동에 필요한 모든 제도적, 법적 문제가 해결되지 않은 불확실한 상황에서 남한 자본이 기꺼이 러시아 극동지역 개발에 투자하기란 쉽지 않을 것으로 보인다.

그다음에는 러시아의 민족·국가적 정체성과 거버넌스 문제이다. 수린 박사는 쉽게 동화되지 않는 한국인의 민족성을 러시아와 공생할 수 있는 필수 덕목처럼 생각하고 있지만, 연방국가로서 러시아가 국가 정체성을 기반으로 하는 현재의 국가체제에서 변방지역에 통합되지 않고 독자적으로 남아 있을 수백만 명의 한민족 중심 단위국가를 통치하고 관리하는 문제에서 과연 어느 정도 허용할 수 있을지 의심스럽다.

그다음에는 주변 국가들과의 국제정치적 문제를 거론하지 않을 수 없다. 첫째, 중국과 한국의 정치적 관계이다. '한·러 공생국가론'에서 제시하는 형태의 한·러 공동개발협력으로 중국 북방지역에 중국과 러시아 간 일종의 완충지역처럼 한민족의 소국가가 탄생된다면 과연 민족 정체성과 통합을 가장 중요시하는 강대한 중국으로서 이것이 쉽게 용납할 수 있는 문제일지 중국과의 외교관계 및 전략적 이해관계 차원에서 고려해 보아야 할 것이다.

또 한국과 미국의 동맹관계도 짚어봐야 한다. 아울러 경제력 차원에서 미국 패권의 쇠퇴는 불가피한 측면이 있고 가능한 시나리오라고 할 수 있지만, 군사력과 정치적 영향력 차원의 미국 패권 쇠퇴론은 당분간은 가능하지 않은 시나리오로 보인다. 미국의 군사적 패권은 최소한 반세기 이상 지속될 가능성이 있으며, 당분간은 중국을 포함한 그 어느 국가도 넘볼 수 없으리라는 것이 다수의 국제정치 전문가 예상이다.

따라서 수린 박사가 예상하는 것과 같은 단편적인 근거에 입각한 미국의 패망론에는 쉽게 수긍할 수 없는 바, 한미 군사적 동맹 관계가 유지되어야 할 필요성이 있는 한 러시아와 러시아 내 한국 중심 국가와의 연합국가론은 현실적인 국제관계 문제를 간과한, 지나치게 이상적인 시각으로 보인다.

북한, 일본과의 관계도 짚어봐야 할 것이다. 현재의 동북아 국가들 간의 세력균형 관계에서 한국과 러시아가 주도하여 이러한 판도를 변경하려 하거나 바꾸려고 한다면 이에 대해 중국은 물론 북한과 일본 어느 누구도 환영하지 않을 것이며, 이에 대해 각자의 입장에서 또 다른 전략 카드로 대응할 것이므로 장기적인 관점에서나 통일 문제에서도 바람직하다고만 볼 수 없을 것이다.

결론적으로 이러한 문제점들과 현실적인 한계들을 종합적으로 고려할 때 수린 박사의 '한·러 공생국가론'은 나름대로 러시아가 당면한 인구 감소와 극동 개발 문제를 한국의 전략적 이해관계 및 세력균형 차원과 연계한 매우 이상적이며 열정적인 프로젝트이긴 하지만, 이러한 한·러 공동개발이 단순한 경제적 상호 보완성 범위를 넘어서서 동북아의 세력균형과 전략적 이해관계까지 건드린다면 오히려 이러한 제안은 세계 안보전략 지형도의 변화를 야기할 만큼 충격적인 문제로 비화하여 구체화되고 현실화되기 어려운 한계가 있을 것으로 생각된다.

따라서 이러한 프로젝트는 처음부터 대규모 사업으로 추진하기보다 민간 기업 차원에서 순수한 경제적 이익과 영리성 추구 차원에서 접근되어야 하며, 단계적이며 점진적인 방법으로 추진하는 것이 오히려 더 현실적이고 바람직하지 않을까 생각된다. 그래서 수린 박사가 지핀 작은 불씨를 활활 타오르게 함으로써 우리 민족의 꿈을 키워나가는 계기로 삼아야 하지 않을까 기대해본다. *

반도국가에서 대륙국가로 가는 길

홍완석 | 한국외대 교수, 한국외대 러시아연구소 소장

과거 냉전 시절 한국은 대륙으로의 출구가 봉쇄된 '고도'(孤島)였다. 지난 반세기 동안 냉전의 인질이 되어 광활한 유라시아 대륙으로 향하는 접근 통로가 차단되었기에 섬 아닌 섬으로 남아 있었다. 미 · 소의 양극적 패권경쟁이 초래한 남북한의 분단과 첨예한 군사적 대립이 지속돼 한반도 남쪽을 철저히 대륙과 격리시켰다. 그 결과 한국은 대륙과 해양을 잇는 반도적 '랜드브리지land bridge'로서의 지정학적 이점을 충분히 활용하지 못한 채 국가적 번영의 명운을 해양에서 찾지 않을 수 없었다.

냉전의 '고도', 한반도

그러나 소련 해체에 따른 냉전 종식은 한동안 접어두었던 북방 진출의 꿈을 펼칠 가능성을 열어 주었다. 그 중요한 계기는 2000년 6월 13일 역사적인 남북 정상회담이 제공했다. 오랜 기간 불신과 반목으로 일관해온 남북한이 평양 정상회담을 계기로 상호 적대와 대립에서 벗어나 화해와 협력에 바탕을 둔 평화로운 공존·공영을 모색하였기 때문이다. 실제로 김대중·김정일 평양 정상회담 이후 남북한은 민족 공영과 평화공존의 상징적 차원에서 단절된 경의선과 동해북부선을 연결했고 금강산 개발과 관광, 개성공단 조성 등 다양한 협력 사업을 강화해 나갔다.

여기서 평양 정상회담의 가시적 성과인 경의선과 동해선 복구는 단순히 남북 간에 단절된 철도 연결만을 의미하는 게 아니다. 끊어진 철도 연결은 남북 간 화해와 경협 활성화의 촉진제 차원을 넘어서, 과거 냉전 시기에 강요된 해양세력의 부속물에서 벗어나 유라시아 대륙의 당당한 일원이 되는 경제적 기회와 민족적 웅비의 거대한 기회를 제공해 주었는데, 이는 다음 두 가지 우호적 환경 형성 때문에 가능했다.

하나는 소련 해체 이후 그 적통 계승국임을 자처하는 러시아가 스스로 공산주의 이데올로기를 포기하고 시장민주주의 국가로 환골탈태함에 따라 한국과 러시아가 동일한 서구적 가치체계의 시장경제에 기초해 상호 선린우호의 전면적 협력 시대를 개막했다는 점이다. 그리하여 과거 냉전기 한국에 폐쇄된 대륙이었던 시베리아·극동지역이 이제 자유로운 접근이 허용된 활짝 열린 공간으로 변하게 되었다.

대륙을 향한 '통로', 철의 실크로드

다른 하나는 러시아가 낙후된 시베리아·극동지역을 개발하기 위한 대전략 차원에서 시베리아횡단철도TSR를 한반도종단철도 TKR와 연결하는 데 국가적 에너지를 집중하고 있다는 점이다. 실제로 러시아는 TSR·TKR 연결 사업을 한반도에서 추구하는 최대의 지경학적 정책목표로 설정하고, 이를 관철하기 위해 남북한을 대상으로 분주한 외교적 노력을 기울이고 있다. 최근 남북한을 방문한 러시아 고위관료들 가운데 철도 관계자의 방문이 가장 빈번했다는 사실이 적절한 사례가 될 것이다.

그렇다면 러시아 정부가 한반도로 이어지는 TSR의 국제화 사업에 커다란 국가적 관심과 이해관계를 투영하는 이유는 무엇인가? 그 배경은 다양한 수준에서 설명이 가능하다.

첫째, TKR와 연결할 경우 TSR의 수익성과 물류 수송률 저하를 만회하여 TSR 활성화에 기여한다. 둘째, TSR를 통한 물류와 인구 이동은 자연스럽게 재정적 여유가 없어 개발이 방치된 시베리아와 극동지역에 엄청난 경제적 파급효과를 줄 수 있다. 셋째, 경제적 이익뿐만 아니라 한반도 및 동북아에서 러시아의 지정학적 영향력을 증대하는 전략적 통로 역할을 할 것이다. 넷째, 러시아를 관통하는 유라시아 기간교통망의 완성은 발전하고 있는 아시아 경제와 확장하고 있는 유럽연합EU을 직접 연결해 줌으로써 러시아의 지정학적·지경학적 소외를 예방해줄 것이고, 나아가 유라시아 대국으로서 러시아의 국제적 역할을 제고해줄 것이다.

이런 다중적 수준의 전략적 이익을 고려해 러시아 정부는 TSR를 중심축으로 한 유라시아 대륙 횡단철도망 구축에 지대한 외교적 노력을 기울이고 있다.

한편 TKR를 TSR와 연결하는 '철의 실크로드' 사업은 한국의 국익 증대에도 다양하게 기여할 수 있는데, 무엇보다도 지경학적 측면에서 그렇다. 우선 동북아와 유럽을 연결하는 국제적 수송체계가 저렴하고 안전하며 신속한 유라시아 철도운송 중심으로 재편됨에 따라 유럽 시장에서 한국 기업과 상품의 경쟁력이 제고될 것이고, 동시에 동유럽과 중앙아시아, 독립국가연합CIS 지역 시장 진출이 보다 용이해질 수 있다. 그리고 이것은 미·중·일 시장에 편중되었던 한국의 교역구조를 획기적으로 개선함으로써 균형 잡힌 대외 경제관계 구축에 도움을 줄 수 있다. 뿐만 아니라 한국의 산업생산력 증대를 위한 주요 원료기지로서 시베리아·극동지역의 무궁무진한 전략자원을 안정적으로 확보하는 데도 공헌한다.

유라시아 대륙으로 향하는 철길 복원은 경제적 관점 이외에 잃어버린 대륙적 정체성 회복이라는 민족이념 차원에서도 우리에게 중요한 의미를 갖는다. 앞에서도 언급했듯이, 지난 반세기 동안 지속된 냉전과 분단 구조가 반도국가로서 해양세력과 대륙세력의 특성을 내적으로 소화·종합할 수 있는 민족적 가능성을 제한해왔다. 그런 측면에서 TKR를 TSR와 연결하는 철의 실크로드 구축은 자연스럽게 상실된 대륙적 자아와 기질을 되찾게 해줌으로써 과거 광개토태왕이 그랬던 것처럼 21세기 한국이 유라시아 대륙으로 뻗어나갈 수 있는 민족이념적 토대를 제공해준다.

북방 진출을 위한 미래 비전, 동북아 중심국가론

김대중 정부의 남북 정상회담이 그 가능성을 열어주고, 철의 실크로드 구상에 의해 추동된 유라시아 대륙 진출을 향한 열정은 2003년 2월 집권한 노무현 정부에 이르러 한국의 장기적 국가 발전을 위한 미래 정책 비전으로 가시화된다. 노무현 정부 출범 초기 한국은 남북관계의 안정적 관리 차원을 넘어서 21세기 한민족의 웅비, 즉 대륙과 해양을 연결하는 한반도의 교량적 역할을 적극 수행함으로써 아시아와 세계 중추국가 도약을 모색하는 국가 어젠다를 제시했는데, 이는 '동북아 중심국가 건설'로 표현되었다.

여기서 철의 실크로드는 동북아 중심국가 건설과 긴밀한 연관성을 갖는다. 노무현 정부는 안정된 남북관계를 토대로 21세기 한국이 동아시아의 정보, 문화, 금융, 물류의 중심이 되는 중추국가Hub State 건설을 설계했다. 이 개념에서 허브의 외연은 유라시아 대륙 전체로 확장되어야 그 본연의 역할을 수행할 수 있게 된다.[23] 그리하려면 한국은 북한을 거쳐 중국 · 러시아 · 몽골과 연결되어야 하고, 시베리아 철도를 거쳐 중앙아시아 · 중동 · 유럽 등 유라시아의 중앙과 서쪽으로 연결되어야 하는데, 이런 측면에서 철의 실크로드 구축은 동북아 중심국가 건설을 위한 중요한 전제가 된다.

대륙 진출을 향한 노무현 정부의 미래비전은 2005년 11월 러시

---

23 강봉구, "TSR · TKR 연결과 유라시아 공동체: 문명 · 안보적 차원을 중심으로" 『국제지역연구』, 제 6권 4호(2002), pp. 234-235.

아 학자 블라디미르 수린 박사가 '코리아 선언'으로 통칭되는 '한·러 공생국가론'을 제기함으로써 탄력을 받게 된다.

근자에 한·러 양국에서 커다란 반향을 일으키고 있는 '코리아 선언'의 핵심 내용은 이렇다. 급격한 인구·노동력 감소로 국가적 생존의 위기에 처한 러시아가 영토를 보존하고 미래에 살아남으려면 한국과 공생국가를 만들어 한민족이 시베리아·극동지역에 자유롭게 이주할 수 있도록 허용해야 한다는 것이다.

'코리아 선언'의 의미와 배경

수린 박사의 '한·러 공생국가론' 제안은 소련 해체 이후 러시아가 직면한 '영토적 통일성 보전 сохранение территориальной целостности'이라는 새로운 유형의 안보위기에 대한 심각한 인식에서 출발한다. 그것은 나토의 동진과 같은 외부로부터 가해오는 군사적 위협이 아닌 비군사적 요소에 의한 안보 위협으로서 러시아연방 체제의 존속과 직결된 문제이다.

러시아 영토의 통일성 유지를 훼손하는 첫 번째 위협은 지방정부의 일련의 분리주의 움직임이다. 소련 해체 이후 러시아는 카오스의 가장자리(혼돈에서 질서로 넘어가는 과정)에서 체첸, 타타르, 사하 공화국 등 여러 자치공화국들의 분리·독립운동과 연방정부의 간섭에서 벗어나려는 일부 지방의 분리주의 움직임에 시달려왔다.

물론 2000년 초 블라디미르 푸틴 대통령 정권이 들어서면서 러시아 경제가 플러스 성장세로 돌아서고 국내 정치가 안정됨에 따라 분리주의 추세가 잠잠해졌지만 그 위험성은 여전히 내재돼 있는 게 사실이다.

영토적 통일성 보전을 저해하는 또 하나의 잠재적 위협은 러·중 관계 개선과 국경무역 활성화에 따른 중국인들의 불법이주 물결이다. 지금까지 극동·시베리아 지역으로 침투된 중국인 불법이주자는 300만 명으로 추산되고, 2010년에는 500만 명 이상으로 늘어날 것으로 전망된다.

역사적으로 '중국 콤플렉스'를 지니고 있는 러시아는 인구학적 진공지대인 시베리아와 극동지역으로 몰려드는 중국인들의 불법 침투를 한족(漢族)의 영토적 야심과 연관지어 동부 국경지역에서 영토 주권을 잠식하는 중대한 안보 위협으로 받아들이고 있다. 크레믈 안보전문가들은 가중되는 중국인들의 인구 '삼투압' 현상을 러시아에 대한 '소리 없는 침략', '평화적인 정복' 등으로 표현하면서 심각한 우려를 표명하고 있다. 러시아 극동지역에서 한족의 인구팽창이 장차 새로운 국경분쟁의 '뇌관'이 될 수 있다고 내다보면서 신경을 곤두세우고 있다.

중국인들의 인구 압박과 맞물린 러시아 극동지역의 현격한 인구 감소 추세도 영토적 통일성 유지를 위협하는 중대한 요인으로 작용하고 있다. 사실 인구 격감 문제는 극동지역에만 국한되지 않는 러시아연방 전체의 문제이기도 하다.

이에 대한 심각한 위기의식은 2000년 7월에 발표된 국정백서

(연방의회에 보내는 연두교서)에 잘 드러나 있다. 그 첫머리에서 푸틴 대통령은 "세계 7위인 1억5천만 러시아 인구가 매년 75만 명씩 줄어들고 있고, 이런 추세가 지속될 경우 심각한 민족적·경제적 위기에 봉착할 것"이라는 점을 지적하면서 인구 격감을 러시아가 직면한 가장 중대한 안보 문제 중의 하나라고 강조한 바 있다.

특히 극동지역은 소연방 붕괴 이후 인구 유인 장려책 폐지에 따른 서쪽 인구 유입의 중단, 경제적 어려움으로 인한 인구 자연증가율 감소, 더 나은 문화생활 향유를 위한 슬라브계 거주민들의 우랄산맥 서쪽 지역 역이주 등으로 인구 공동화 현상이 아주 심각한 수준에 이르렀다. 푸틴이 "우리가 극동지역을 개발하기 위해 진지한 노력을 기울이지 않을 경우 수십 년 안에 러시아 인구가 일본어와 중국어, 한국어를 주로 사용하게 될 것"이라며 극동지역 상실 가능성을 경고하고 나선 데서 그런 위기의식의 일단을 엿볼 수 있다.

위에서 설명한 바처럼 현재 러시아는 극동 방면에서 단일한 정치, 경제, 사회, 문화 공간으로서의 영토적 통일성 확보라는 중차대한 안보 과제를 안고 있다. 새로운 유형의 안보 과제, 즉 일련의 분리주의 경향, 중국인 인구 유입, 극동지역의 인구 진공 상태 등은 나토의 동진처럼 유럽 방면에서 러시아가 겪고 있는 가시적이고 직접적인 안보 위협은 아니다. 그러나 그대로 방치할 경우 '제방의 바늘구멍처럼' 서서히 러시아연방 체제를 와해할 수 있는, 간과할 수 없는 아주 심각한 안보 위협인 것이다.

왜 한국인가?

이런 상황에서 블라디미르 수린 박사가 착목한 국가가 한국이다. 수린 박사는 인구 감소로 인한 러시아 국가생존 위기를 해결하는 유일한 방법은 주변국 가운데 위협이 되지 않으며 그 국민의 자질이 뛰어나 러시아 국가 발전에 기여할 수 있는 이민을 받는 방법밖에 없는데, 중국과 중앙아시아 등 제3세계 이민은 차단하고 오직 한민족만을 받아들여야 한다고 밝히고 있다.

한국은 지정학적으로 러시아와 이웃하고 있으며 남북한 인구가 7천200만 명으로 규모 면에서 러시아에 위협이 되지 않고, 중국·일본과 정치적 역학관계를 형성하고 있으므로 가장 적합한 파트너라고 주장한다. 또한 자원이 없음에도 세계 12위의 경제 규모, 근면하고 법을 잘 지키는 민족성, 높은 교육 수준, 서비스 중심이 아닌 제조업 위주의 경제구조, 과거 러시아 중앙아시아 지역에 이민한 경험 등을 장점으로 보고 있다. 결론적으로 수린 박사는 러시아가 영토적 주권을 보전하는 가운데 경제적 사막지대 시베리아·극동지역을 효율적으로 개발하기 위해서는 한국을 전략적 파트너로 삼아 한민족을 이 공간으로 이주시키고 한국인과 러시아인들이 물리적인 공생관계를 누릴 수 있는 통합국가를 형성해야 한다고 제안한다.

수린 박사의 제안이 현실화되기 위해서는 해결해야 할 과제들이 많지만, 분명한 사실은 한국과 러시아 간 전략적 협력에서 발상의 전환을 촉구하는 획기적 아이디어라는 점이다. 한·러 양국이 한반도와 동북아에서 상대방에게 추구하는 국익 구조를 세밀히 분석해보면 수런 박사의 판단은 나름의 타당성을 갖는데, 이는 무엇보다도 한국과 러시아 사이에는 국익 충돌 요소보다는 국익 조화 요소가 더 크고 많다는 사실에 기초한다.

한 · 러 간 역사적, 민족적 앙금의 부재

첫째, 전쟁을 수반한 축적된 역사적 갈등에서 비롯된 주변국들 사이의 상호 견제관계를 살펴볼 때, 동북아에서 한 · 러 간에는 우호적 협력 확대를 근본적으로 제약하는 영토분쟁도, 민족갈등도, 역사적 불신도 없다는 점이다.[25] 최근 러시아와 중국이 전략적 협력 수준에서 유사 이래 최고의 '황금시대'를 구가하고 있지만, 오랜 기간에 걸친 러시아의 중국 영토 잠식과 이념분쟁을 거쳐 한때 전쟁으로까지 치달은 국경분쟁으로 말미암아 양 국민 사이에는 치유할 수 없는 상호 민족적 불신과 역사적 앙금이 깊게 남아 있다.[26]

동일한 형태의 갈등이 러 · 일 간에도 존재한다. 러시아가 1905년의 '노일전쟁' 패전과 1920년대의 동시베리아 강점을 잊지 않는다면, 일본은 1895년 러시아의 '삼국간섭'과 1945년 '일소 중립

---

25 이인호, "한 · 러 관계의 현황과 전망," 『외교』, 제51호(1999), p. 29.

26 유구한 세월 영토대국과 인구대국의 방대한 국경선의 공유는 상호 안보적 위협 인식을 영속화했다.

조약'을 일방적으로 파기하고 대일전에 참가한 일을 기억하고 있다. 또 쿠릴 4개 섬 영유권을 둘러싼 북방 영토분쟁의 지속으로 오늘날까지 러·일 관계는 탈냉전의 무풍지대로 남아 있다.

이 밖에 미·중(한국전에서 미·중의 직접 교전과 대만 문제), 일·중(청일 및 중일 전쟁과 일본의 중국 침탈), 미·일(태평양전쟁과 원폭투하에 대한 치유되지 않은 상처), 미·러(냉전의 구원) 간에도 현상의 역학관계 이면에 역사적 앙금이 자리 잡고 있다.

이와 달리 한국과 러시아는 직접적인 전쟁을 통해 맞대면한 적이 없다. 역사적으로 한국은 일본과 중국으로부터 여러 차례 침략을 당하고 종속적 지배를 강요받아왔지만, 러시아로부터는 그런 역사적 피해를 경험한 적이 없다.

한반도 통일의 건설적 우호세력

둘째, 동북아 4강 가운데 러시아가 지정학적 이해득실 구조상 우리의 민족적 염원인 한반도 통일을 반대하는 방해세력이 아니라는 점이다. 다수의 러시아와 국내 학자들이 강조하는 이런 주장은 다음과 같은 논리에 근거한다.

먼저 이인호 전 러시아대사는 러시아가 한반도 통일의 지지세력이 될 수밖에 없는 이유를 국익 부합 측면, 특히 안보와 경제이익 측면에서 설명한다. 즉, "한반도 평화 정착과 궁극적 통일이 러시아 국경지역의 불안정 요소의 하나를 제거하고, 극동지역의 투자여건을 개선함으로써 국가이익에 기여할 수 있기 때문에 러시아가 한반도의 통일을 반대할 하등의 이유가 없다"는 것이다.[27]

러시아 외교아카데미 예브게니 바자노프 E. Bazanov 부원장도 "한반도 주변에서 진정으로 남북통일을 바라는 나라는 러시아뿐일 것이다"라고 단언하는데, 그 당위성을 지정학적 측면과 세력균형 맥락에서 설명한다.

"전통적으로 중국과 일본은 러시아의 아시아 진출을 억제하는 잠재적 봉쇄 세력이었다. 이런 환경에서 한반도가 통일되면 통일한국은 아시아 · 태평양지역에서 러시아를 대신해 중국과 일본을 견제하는 세력으로 성장할 것이며, 이는 러시아의 지정학적 이익과 일치한다."[28]

세종연구소 홍현익 박사의 주장도 바자노프 교수의 견해와 맥을 같이하고 한반도 통일의 우호적 지원세력으로 러시아의 중요성을 강조한다.

"러시아는 통일한국을 자신이 결국 경쟁자로 볼 수밖에 없는 중국이나 일본과는 달리 큰 우려 없이 협력을 도모할 수 있는 국가로 인식하고 있다. 따라서 중 · 일 간의 지역패권 경쟁을 예방하고 미

---

27 이인호(1999), p. 30.

28 "남북한 주변 4강 - 러시아는 지금(2)," 『대한매일』, 2001년 2월 19일.

국을 견제하여 동북아의 세력균형을 유지하는 데 우호적 협력자로서 한국의 역할을 기대하고 있다."

나아가 그는 남북한의 평화통일에 외부세력이 방해하려 할 경우 러시아가 이를 억지해 주는 역할도 할 수 있다는 점을 강조한다.[29]

러시아의 한반도 전문가 블라디미르 리Vladimir Lee 교수는 한반도의 통일이 장차 동북아 세력 상관관계 측면에서 러시아에 유리하게 작용할 것으로 파악한다.

"한반도가 통일되면 미국은 가장 큰 '잃은 자'가 될 것이다. 통일한국은 현재보다 미국에 덜 의존할 것이고, 한반도에서 미군이 가급적 떠나 줄 것을 요구하게 될 것이며, 따라서 한미, 미일 상호방위조약은 변화할 수밖에 없다. 한편 중국은 북한 사회주의 동맹국을 잃게 되고, 일본은 강력한 잠재적 경쟁자를 얻게 될 것이다."[30]

이상의 학자들이 지적한 바와 같이 러시아는 미 · 중 · 일과는 달리 한반도가 통일되어도 잃을 것이 별로 없다. 오히려 통일한국이 상대적으로 적지 않은 어부지리의 전략적 이익을 제공할 수 있기 때문에 러시아의 남북통일에 대한 관심은 다른 강대국들과 차원이 다를 수밖에 없다.[31] 이렇게 볼 때 적어도 현시점에서 미국,

---

29 홍현익, "한 · 러, 한 · 미 정상회담과 한국의 국가전략"『정세와 정책』, 2001-02호(2001). http://www.sejong.org/bookmain.htm.

30 "문화일보 초대석,"『문화일보』, 1998년 7월 27일.

러시아, 일본, 중국 모두 남북한 분단의 현상(現狀)이 제공하는 기회적 이익에 만족하는 '현상유지' 세력이긴 하지만, 이 가운데 러시아가 통일한국이 국익 증대와 한반도 및 동북아의 지정학적 세력구도를 자국에 유리하게 주조(鑄造)하는 데 기여할 수 있다는 점에서 '현상타파'에 덜 부정적인 세력이라는 논리를 추론해낼 수 있다.[32]

주요 국제 현안에 대한 동일한 전략관

셋째, 현실정치에서 한국과 러시아가 남북한 문제를 비롯하여 주요 국제 현안에 대한 이해관계가 일치한다는 점이다. 러시아는 우리 정부의 대북 포용정책, 남북한 문제의 당사자 해결 원칙, 한반도 냉전구도 해체와 평화통일을 일관되게 찬성해왔다. 한국도 러시아의 국제정치 · 경제기구ASEM, WTO, OECD 가입과 아시아 · 태평양경제협력체APEC에서의 역할 확대 등을 지지하고 지원해 왔다. 이 밖에 한 · 러 양국은 한반도 비핵화와 대량살상무기 비확산, 북핵 문제의 평화적 해결, 동북아 다자간 안보협의체 창설, 유엔의 지위 및 역할 강화, 모든 형태의 테러 및 전쟁 반대 등에 대해 동일한 외교적 공명(共鳴)을 보여 왔다.

---

31 "러, 한반도 평화 정착 의무 있다"『대한매일』, 1998년 3월 30일.

32 김유남, "한 · 러 관계의 반성 그리고 내일을 생각한다"『외교』, 제47호(1998), p. 56.

경제구조의 상호 보완성

마지막으로 지리경제학적 측면에서도 한국과 러시아는 서로를 필요로 한다. 대외지향적인 발전을 추구하는 한국 경제는 기술과 자원이 풍부한 러시아 경제와 자연적인 상호 보완성을 지니고 있으며, 러시아는 한국의 경제 배후지로서, 한국은 러시아가 아태지역 경제와 결합하는 교두보로서 이 분야에서의 협력 강화는 양국 모두에게 커다란 경제적 이득을 부가해 준다.[33]

유럽과 마찬가지로 아태지역 역시 모스크바에 활짝 열린 공간이 아니어서 역내에서 러시아의 경제이익은 적지 않게 제한받고 있다. 러시아는 아시아·유럽정상회의ASEM에서 초대받지 못하고 있고 1998년에야 가입에 성공한 APEC에서도 최소한 참여자로서 주변부적인 위치에 머물러 있다. 또 일본은 미해결 북방영토 문제를 대러 경협과 연계하는 '정경불가분의 원칙'을 고수하면서 시베리아·극동지역 투자에 소극적인 태도를 견지하고 있다. 중국 경제의 역동성도 침체된 시베리아·극동지역 경제 활성화에 기여하는 순기능적 요소보다는 정치적, 안보적, 인구사회적 문제를 야기하는 역기능으로 작용한다.

이런 상황에서 크레믈 지도부는 경제적 신화를 창조한 한국을 중국과 일본을 대신해 동북아 및 아태지역에서 러시아의 경제이익 증대에 '기회의 창'을 제공하는 하나의 '출구'로 인식하고 있다.

---

33 이인호(1999), p. 30.

러시아는 북방영토 분쟁의 지속으로 대일 투자 유인과 경협 확대에 한계가 있다고 보고 있다. 동시에 영토의 동쪽 날개에서 발흥하는 중국에 대한 경계감도 크다. 시베리아·극동지역으로 몰려드는 한족들의 인구 삼투압 문제와 함께 중국의 성장이 장래 러시아 동북지역 안정을 위협할 수 있기 때문이다. 일·중과의 이런 지정학적 경쟁관계를 감안하여 러시아는 한국을 시베리아·극동지역 자원을 개발하고 침체된 지역경제에 활력을 불어넣을 최적의 자본 및 기술 공급원으로 간주하고 한국과의 경협 확대를 희구한다.

실제로 러시아로서는 지리적 근접성, 세계 10위권 무역 규모의 경제력, 숙련된 노동력, 첨단 선진 기술력, 경제구조의 상호 보완성 등을 종합해볼 때 한국만큼 바람직한 경협 파트너를 찾기 힘들다. 더욱이 한국은 아시아에서 러시아의 지경학적 활동영역의 확장, 이를테면 ASEM 가입과 APEC, ASEAN, ARF, ESCAP 등에서의 위상 강화를 위해서도 매우 중요한 존재이다.

'코리아 선언'과 한·러 3대 신실크로드 구상

위에서 살펴본 바처럼, 한·러 간에는 상호 추구하는 국익구조가 상당 부분 일치해 최상의 결합조건을 갖추고 있다. 수린 박사의 '코리아 선언', 즉 '한·러 공생국가론'은 이런 인식과 토대 위에서 제시된 것으로 보이고, 비록 그것이 현실성을 갖기 위해서는 적지 않은 시간과 난관을 극복해야겠지만 전혀 실현 불가능한 아이디어가 아닌 것만큼은 분명하다.

　수린 박사의 '코리아 선언'은 2008년 2월 이명박 정부가 출범하면서 새로운 국면을 맞게 된다. 이 대통령은 한국 국가지도자 가운데 최고의 러시아 전문가였고, 실제로 현대건설 회장 시절 러시아 전역을 수차례 누비고 다니면서 시베리아 벌목사업을 진두지휘했다. 당시 시베리아의 가치를 깊게 인식했던 이 대통령은 2008년 9월 러시아 방문 시 새로운 한·러 협력사업 구상을 제시했는데, 이는 한국의 국가 발전에서 러시아의 필요성과 중요성을 구체적으로 피력했다는 점에서 수린 박사의 '코리아 선언' 내용과 조응하는 면이 있다.

　이 대통령이 러시아 방문에서 던진 키워드는 '3대 신실크로드 건설'이었다. 이 대통령은 모스크바에서 열린 한·러 비즈니스 포럼에서 "철(鐵), 에너지, 녹색 실크로드 등 3대 분야의 협력을 이끌어 내자"면서 "이는 내가 기업인 시절부터 구상했던 실현 가능한 사업"이라는 점을 힘주어 강조했다. 여기서 철의 실크로드는 TSR와 TKR의 연결로 태평양에서 유럽을 잇는 대동맥 건설을 뜻하고, 에너지 실크로드는 러시아의 에너지 자원과 한국의 기술력 및 인프라 건설 경험을 합쳐 시너지 효과를 발휘하자는 것이며, 녹색 실크로드는 러시아 연해주의 농림지에 우리 영농기술과 효율적인 경영체계를 접목해 제2의 녹색혁명을 이루자는 것을 의미한다.[34]

　이 대통령이 모스크바 방문 시 제안한 한·러 3대 신실크로드

---

34 "철·에너지·녹색 新실크로드 열자"『한국일보』, 2008년 9월 30일.

구상은 시베리아 대륙 진출을 위한 한국의 열정과 의지를 러시아 정부에 제시한 것으로서, 이는 수린 박사의 '한 · 러 공생국가론'이 현실화 단계로 진입하는 데 기여할 수 있는 중요한 환경을 제공하는 것으로 여겨진다.

팍스 코리아나 시대를 향하여

수린 박사의 지적처럼, 한 · 러 공생국가가 실현되면 한국은 해양과 대륙을 아우르는 새로운 조건에서 세계를 향해 힘찬 웅비의 날개를 펼칠 수 있는 절호의 기회를 맞이하게 된다. 우선 한국은 시베리아 · 극동지역을 공동 경영함으로써 좁은 반도국가에서 벗어나 웅혼한 대륙국가로 거듭나게 된다. 또 시베리아 · 극동지역의 개발을 통해 철광석, 석탄, 구리, 아연 등 막대한 지하자원과 에너지 및 식량자원을 안정적으로 확보할 수 있게 돼 한국이 세계적 경제강국으로 부상하는 데 크게 기여할 것이다. 시베리아 · 극동지역 개발에 남북한이 함께 참여함으로써 자연스럽게 교류와 협력의 단계를 넘어 통일을 촉진할 수 있다. 이 모두는 세계로 뻗어나가는 팍스 코리아나 시대의 여명을 앞당길 것이다.

냉전의 해체, 평양 정상회담과 남북관계 개선, 철의 실크로드 구축, 동북아중심국가론, '코리아 선언', 한 · 러 3대 신실크로드 구상으로 이어지는 일련의 흐름 속에서 대륙 진출을 위한 유리한 환경과 그 가능성을 확인할 수 있다. 그런 측면에서 대륙국가의 꿈은 이미 공상 차원을 넘어 현실 문제로 진입한 느낌이다.

따라서 한민족의 지정학적, 지경학적 웅비를 보장하는 대륙 진출이라는 국운 융성의 '거대한 기회'를 포착하여, 한때 광개토태왕이 경험했던 21세기 팍스 코리아나 시대를 맞이하기 위한 정치(精緻)한 국가전략 수립과 추진이 시대적 과제로 제기되고 있다. 한민족의 세기, 즉 팍스 코리아나 시대의 개막이라는 거대한 영역을 탐색하고 원대한 비전을 제시해야 할 시점인 것이다.*

제4부
아, 시베리아

"결론적으로 21세기 자원빈국이며 섬처럼 살아가는 한국의 미래는 전적으로 시베리아에 달려 있다고 본다. 자원·에너지안보와 식량안보 차원뿐만 아니라 한국 경제주체의 경쟁력 확보를 위해서도 정부와 기업이 러시아와 시베리아로 진출해 인적·물적 교류를 강화하는 노력이 절실히 필요한 시기가 도래했다."

- 한종만

"베링 해협 프로젝트는 시베리아를 새로운 생활공간으로 바꾸어놓는 프로젝트이기도 하다. 새롭게 만들어지는 그 공간에 남북한과 중국, 러시아 등지에서 살고 있는 코리안 디아스포라가 함께 들어가게 되면 러시아 시베리아의 주인이 될 수도 있는 것이다. 베링해협 프로젝트를 남의 일로만 보고 있을 수 없는 이유가 여기에 있다고 하겠다."

- 최우길

시베리아 개발은 한민족의 손으로

한종만 | 배재대 러시아학과 교수, 한국시베리아센터 소장

이 글에서 시베리아는 러시아연방의 아시아 지역인 우랄연방구의 일부 지역과 동서 시베리아와 극동 지역을 총괄하는 의미로 사용한다. 즉, 넓은 의미의 시베리아는 우랄 산맥 동쪽에서 사할린 섬과 쿠릴 열도, 캄차카·추콧카 반도뿐만 아니라 북극권을 포함한 북태평양 베링 해까지 펼쳐진 지역을 뜻한다.

넓은 의미의 시베리아는 서시베리아와 동시베리아 그리고 극동 지역으로 구분되었지만, 2000년 5월 블라디미르 푸틴 대통령의 행정 재편으로 러시아연방은 군관구와 유사한 7개 연방구로 재편되면서부터 극동연방구와 동서 시베리아 경제지역이 시베리아연방구로 재편됐다.

그중 연료자원의 매장량과 생산량이 풍부한 서시베리아 경제지역에 소속된 튜멘주와 한티·만시자치구(석유 생산의 3분의 2), 야말로·네네츠자치구(천연가스생산의 90%)는 우랄연방구로 편입됐다.

지경학적 가치, 자원보고 중요성 엄청나

시베리아 지역은 러시아연방 전체 면적의 4분의 3, 세계 대륙의 10분의 1을 점유하고 있다. '공간'이 크다는 것은 무한한 발전 잠재력을 지니고 있는 동시에 수많은 '공간 극복 비용', 즉 국방·물류·사회간접자본시설 등이 소요되는 딜레마를 가지고 있다. 이와 같은 단점에도 대부분의 경제주체들이 '작은 집'보다는 '큰집'을 선호하는 것을 고려하면 실보다 득이 많다는 데에 이론의여지가 없을 것이다.

거대한 공간은 중장기적으로 경제 발전 잠재력이 높다는 것은 확실해 보인다. 모스크바 국립대학교의 창설자이며 러시아의 대학자인 미하일 로모노소프도 "시베리아와 북극해는 러시아 국부의 증가와 강대국의 기회를 제공하는 곳"이라고 말한 바 있다.

러시아가 시장경제와 자유민주주의로 체제를 전환하는 과정에서 시베리아의 지경학적 가치와 자원 보고로서의 중요성이 급부상하고 있다. 시베리아 지역은 육해공으로 대륙(아시아와 유럽) 혹은 대양(북태평양과 대서양) 간 가교 역할을 담당할 수 있는 높은 지경학적 가치를 지니고 있다. 시베리아의 영공 개방을 통해 북미행과 유럽행 항공노선을 단축시키고 있다. 또한 북극해 운항로도 국제 해상 루트로서 중요성이 부각되고 있다.[35]

---

35 노르웨이 경제학자 람슬란(T. Ramsland)은 비용편익분석을 통해 북극 항로가 수에즈운하를 통과하는 항로보다 11일이나 시간을 단축하고 1톤당 물류비용

육로 수송으로는 도로 연결을 포함해 현재 운행되고 있는
TCR(중국횡단철도), TMR(만주횡단철도), TMGR(몽골횡단철도),
BAM(바이칼·아무르횡단철도) 등이 TSR(시베리아횡단철도)와
연결되어 있을 뿐만 아니라 TSR와 TKR(한국종단철도)의 연결 가
능성이 협의되고 있다.

또한 러시아 정부는 사할린과 극동 본토 그리고 일본 홋카이도
와 사할린, 러시아 동북부 지역(사하 공화국~추콧카~베링 해~알
래스카)과 북미 대륙을 연결하는 베링해 철도[36], 전력선, 파이프라
인 연결 프로젝트에 적극적인 의지를 표명하고 있다.

그 외에도 동시베리아·태평양 석유 파이프라인의 건설작업이
진행 중이며, 천연가스 파이프라인과 상하수도와 수도 파이프라
인, 전력 송배전망, 광케이블 등의 연결이 가능할 것이다.

도 10달러를 절약할 수 있다고 평가한다. 이 해운로는 시베리아 지역의 수많은
하천(북극해으로 유입되는 레나, 예니세이, 아나디르, 오비, 이르티시 강 등)과
연계되어 있어 북극해의 항구도시 생성과 시베리아 개발의 견인차 역할을 할
것으로 기대된다.

36 2007년 봄 모스크바에서 개최된 국제회의에서 참석자들은 러시아 극동 동북부
추콧카와 알래스카의 대륙 연결에 지지를 표명됐다. 전 미국 내무장관은 이 사
업이 미국과 러시아의 전쟁 방지를 위한 세기적 사업이라고 밝혔다. 또한 철
도, 도로, 파이프라인을 통해 세계 물동량의 3%를 담당할 수 있을 것으로 전망
했다. 전력선이 연결되면 러시아는 북미지역에 연간 200억 달러 상당의 전력
을 공급할 것으로 예상했다. 러시아철도 야쿠닌 회장은 야쿠츠크에서 베링 해
까지 3천km 연결 사업에 우선순위를 두고 있다고 밝혔다. 베링 해 터널
100km, 즉 2개의 50km 터널로 베링 해의 국경지역인 디오메데 제도(다이오미
드·러시아령은 큰 섬, 미국령은 비교적 작은 섬)를 통해 연결될 것으로 예상

러시아연방과 시베리아의 면적, 인구, 인구밀도 국내총생산 기여도

지 역	면적*	인구수	인구밀도	GDP기여도****
러시아연방	1,709만8,200㎢(100%)	1억4,222만1,000명(100%)	8.3명	17999963.0(100%)
극동연방구	616만9,300㎢(36.1%)	650만8,900명 (4.6%)	1.1명	829678.2 (4.6%)
시베리아연방구	514만5,000㎢(30.1%)	1,959만100명 (13.8%)	3.8명	1970780.7(11.0%)
시베리아 · 극동연방구	1,131만4,300㎢(66.2%)	2,600만9,900명 (18.4%)	2.3명	2800458.9(15.6%)
우랄연방구(전체) 우랄연방구**	181만8,500㎢ 146만4,200㎢(8.6%)	1,223만500명 (8.6%) 334만5,100명 (2.4%)	6.7명 2.3명	3106360.9(17.3%) 224295.7(12.4%)
아시아지역***	1,277만8,500㎢(74.7%)	2,935만5,000명 (20.6%)	2.4명	5024754.6(27.9%)

주 : * 2007년 1월 1일 기준; ** 우랄연방구 내 3개 연방주체(튜멘 주, 한티 · 만시 자치구, 야말로 · 네네츠 자치구)는 필자가 계산한 수치; *** 시베리아 · 극동연방구와 우랄연방구(3개 연방주체)를 합한 수치; **** 2005년도 기준, 단위 100만 루블; 인구밀도는 필자가 계산한 수치.

자료 : Федеральная Служба Государственной Статистки(Росстат), Регноны Россни, Социально - экономнческне показатели, офнцнальное нздание 2007 (Москва: Росстат, 2007), pp.20-24. and pp.350-351.

시베리아 지역은 지구상에 남아 있는 몇 안 되는 처녀지 중 하나

하고 있다. 기술적으로는 50km의 해저 터널을 완공한 일본의 경험이 있으며, 러시아 정부는 여러 곳에서 동시에 건설에 착수하는 계획을 수립할 수 있다고 밝혔다. 이 타당성 조사에 1억2천만 달러가 들고, 총공사비는 650억 달러가 소요될것으로 추정되고 있다. 이 사업을 통해 사하 공화국(미국 본토 48개주 면적의 2분의 1, 시간대 3시간)의 발전이 가속화될 것으로 예상되며, 알래스카 주와 캐나다 북부지역도 이 사업을 적극 지지하고 있다. 북극 해운로와 베링해 터널 건설은 시베리아 북쪽 지역과 북극해 개발의 주춧돌이 될 것으로 예상된다.

이며, 8가지 자원의 보고이다.

1) 지구상 모든 광물자원을 포함한 에너지 자원(석유, 천연가스, 석탄, 수력, 풍력, 지열, 원자력 등)의 보고이며, 세계 지하자원의 3분의 1이 있다. 또한 북극해에 매장된 미개발 화석연료(특히 석유와 가스)는 인류의 마지막 보물이라 생각된다.

2) 수자원의 보고이다. 4천km가 넘는 예니세이, 레나, 오브, 아무르, 이리티시 강을 비롯해 1만 개 이상의 하천이 발달해 있다. 특히 인류에게 60년간 식수를 공급할 수 있는 바이칼 호를 비롯해 5만 개의 호수가 세계 지표면 담수자원의 5분 1을 차지하고 있다. 또한 남부지역 만년설과 지하수 그리고 툰드라 영구동토 빙하의 경제적 가치는 무한대라고 생각된다.

3) 수많은 하천을 통한 수력발전 잠재력도 세계 수력 잠재력의 20% 이상을 차지한다.

4) 지구촌에 산소를 공급하는 시베리아 삼림은 세계 전체의 5분의 1 이상을 차지하고 있다.

5) 수산자원 보고로서 동해와 오호츠크 해와 베링 해 그리고 북극해의 한류성 어류는 세계 최대의 어장이라고 볼 수 있다.

6) 시베리아 남부지역은 목축업을 포함한 거대한 농업자원 보고이다.

7) 생태관광자원의 보고이다.

8) 기초과학기술 잠재력이 높은 지역이다. 그 예로 노보시비르스크의 과학도시(아카뎀고로도크)와 그 지부 등을 들 수 있다.

갈수록 높아지는 시베리아의 가치

시베리아 지역은 지경학적 잠재력 이외에도 자원보고의 잠재력을 보유하고 있지만 아직까지 본격적으로 개발되지는 않고 있다. 1991년 개방 이후 기대치만큼 발전되기는커녕 러시아연방의 유럽 지역보다 모든 부문에서 어려움을 당하고 있다. 특히 바이칼 동쪽 지역과 극동지역 경제는 사정이 악화되면서 인구가 1991~2007년 사이에 4분의 1이나 줄어들었다.

인구 감소의 원인은 마이너스 자연증가율과 인구 유출에 절대적으로 기인한다. 특히 이 지역에서 인구 변동은 남부지역으로 옮겨가는 북남 이동 현상과 유럽 러시아 지역으로 옮겨가는 동서 이동 현상이 가속되고 있기 때문이다.

인구 유출 현상은 현재 진정 국면을 보이고 있지만, 상황이 악화될 경우 인구 수는 더욱 감소될 것으로 예상된다. 러시아연방과 시베리아 지역에서 인구 증산 유인책과 인구 유입 정책에도 불구하고 인구 수 증가는 매우 비관적으로 보이며, 극동 개발이 본격화하는 단계에서도 현상유지(다소의 증감) 정도가 될 것으로 전망된다.

시베리아는 대부분이 영구동토 지대여서 그 가치가 높지 않았지만 과학기술 발달과 지구온난화 현상 등으로 자원과 북극해 항로 개발 가능성이 커지면서 가치가 더욱 높아지고 있다. 러시아는 제정러시아 시기까지 시베리아에서 모피와 비철금속과 곡물, 소련 시기에는 무기 생산, 현재는 에너지를 통해 강대국 위상을 찾아가고 있다. 푸틴 총리와 메드베데프 대통령도 시베리아에서 에너지뿐만 아니라 농업·군수·물류산업 육성은 물론 경제 다양화 정책을 통해 명실공히 강대국으로 부상한다는 구상을 갖고 있다. 이를 위해 러시아의 국가전략, 특히 '교통 전략'과 '에너지 전략'에서 시베리아, 특히 극동지역은 지정학·지경학 측면에서 안보는 물론 자원 개발과 수송 등의 물류 중심지로 특화하는 것을 목표하고 있다.

2007년에 블라디보스토크 시가 2012년 가을 아태경제협력체 APEC 정상회의 개최 도시로 확정되면서 러시아 정부는 2007년 11월 21일 기존 프로그램을 연장하면서 '2013년까지 극동·자바이칼(트랜스바이칼) 경제·사회발전 연방 특별 프로그램'을 채택했다. 이 같은 새로운 프로그램은 정치·안보 측면에서 국토 균형발전, 인구, 생태환경, 범죄와 부정부패 문제뿐만 아니라 경제적 측면에서 물류, 에너지 수송, 자원 개발 그리고 넘쳐나는 오일 달러의 사용처 모색 등의 배경에서 기인된다.

새 프로그램은 과거 프로그램들과 큰 차이점을 없지만 '집중과 선택'에서는 차별성을 보여 교통과 물류 등 사회간접자본시설 확충이 우선순위이며, 블라디보스토크 시 등이 특화된 장소이다. 물론 과거 프로그램과 달리 예산 증액과 연방정부의 강력한 실천의지를 담고 있다.

시베리아 개발 전략에서 러시아 정부의 우선순위는 무엇인가? 이 지역은 유럽과 아시아를 연결하는 대륙 간 가교로서 거대한 공간, 희박한 인구밀도, 풍부한 자원, 중국과의 긴 국경선, 자원이 부족한 아태지역 인접성 등을 고려할 때 우선순위는 주요 거점별로

자원 및 교통물류 집약, 방위산업 집약 그리고 노동절약 혹은 자본 집약 산업이 될 것으로 보인다.[37]

자원집약산업 전략도 중장기적으로 단순한 연료와 원료 수출이 아니라 몇 단계 가공을 거치면서 부가가치가 높은 제품을 수출하는 전략으로 선회될 것으로 예상된다. 예를 들면 원유와 천연가스 가공을 통한 석유제품, 원목이 아니라 목제제품, LNG 대신 발전소 (원전·수력·화력 등) 건설을 통해 전력을 수출한다는 것이다.

시베리아 개발 파트너로 환영받는 한국

시베리아 지역의 경제 성장과 발전에는 노동력과 자본 유입이 우선과제이다. 러시아 정부는 시베리아 자본 투입 정책을 제시하고 있지만 아직까지 노동력 유입 정책을 명확하게 제시하지 못하고 있다. 구체적으로는 중국과 남북한으로부터 노동력 유입, 일본과 구미로부터 자본 유입이 우선 과제라고 생각된다. 시베리아 지

---

37 방위산업 집약적 혹은 자본집약적 산업 전략은 기존의 극동지역의 군수산업 (예를 들면 콤소몰스크-나-아무레나 혹은 볼쇼이 카멘 지역에서 잠수함과 유도탄 생산기지)육성은 물론 과학기술의 클러스터화를 통해 기술혁신과 하이테크 부문을 육성한다는 것이다. 극동지역은 희박한 인구밀도를 고려해 고도의 숙련된 인적자원의 투입을 통한 신기술(NT, ST, MT, ET, BT, IT 등) 집중지로 육성한다는 계획을 세우고 있다. 그 예로 2007년 11월 TSR 통과지역이며 중국과의 국경지역인 아무르 주에 위치한 우글레고르스크 시 지역에 보스토치니 우주센터기지를 10년 내에 건설할 계획을 수립했다.

역은 지리적 인접성과 생산요소와 산업구조 간 이상적인 형태의 상호 보완성을 갖추고 있는 동북아 및 아태지역 국가와 향후 인적·물적 교류가 이뤄질 가능성이 매우 높다.

러시아 연방정부는 중국과의 전략적 파트너십 발전을 위해 상당히 적극적인 행동을 취하고 있다. 그러나 전략적 파트너십에도 불구하고 러·중 관계, 특히 중국 동북부와 시베리아 간의 관계는 내재적 딜레마를 안고 있다. 시베리아의 발전과 개발을 위해서는 한편으로 중국 노동력이 필요하지만 다른 한편으로는 중국인 대거 이주에 따른 시베리아의 중국인화라는 두려움이 있다. 이 문제뿐만 아니라 국경 문제와 관련해 시베리아 지방정부, 특히 중국과 국경을 맞대고 있는 지방정부는 중국인의 '조용한 시베리아 정복' 등에 강력히 항의하고 있다.

한국은 시베리아 진출의 장점으로 다음과 같은 요인을 들 수 있다. 한국과 러시아, 특히 시베리아 지역은 지리적 인접성 이외에도 생산요소와 산업구조 간 이상적인 형태의 상호 보완성을 갖추고 있다.

1) 한국은 자원빈국인 반면에 시베리아는 자원보고이다.

2) 한국은 인구밀도가 높은 지역인 데 비해 시베리아는 인구밀도가 희박하다.

3) 한국은 생필품과 소비재 상품 기술과 시설이 풍부한 반면에 러시아와 시베리아는 생필품과 소비재를 수입에 의존하고 있다.

4) 한국은 기초과학기술보다는 응용·개발기술이 상대적으로 발전된 반면에 러시아, 특히 노보시비르스크 제2 학술원과

그 지부에 기초과학기술을 보유하고 있다.

5) 한국은 우주·항공·군수산업이 상대적으로 취약한데 러시아는 이 분야에서 높은 기술 수준을 보유하고 있다.

6) 한국은 도로·주택 등의 건설업이 상대적으로 발전한 반면에 러시아는 이 부문에 상대적으로 취약한 편이다.

7) 한국은 시장경제와 경제 발전 경험 및 노하우가 축적되어 있는 반면에 러시아는 이 같은 경험이 부족하다.

8) 한국은 경작지가 협소한 반면에 러시아 극동과 시베리아 남부 지역에는 아직도 개발되지 않은 넓은 경작지와 방목지가 있다.

실제적으로 한민족은 인구가 희박한 광활한 시베리아 지역에서 처음으로 벼를 재배했으며, 북한인들도 이 지역에서 오랫동안 벌목업에 종사하고 있다. 특히 한국인은 혹독한 시베리아 기후조건에 적응할 수 있을 뿐만 아니라 근면해서 여타 민족들보다 이점이 있다. 극동에서 중앙아시아로 강제 이주된 고려인들도 소련에서 '농업 천재' 혹은 '모범지식인'으로 칭송받으며 성공했다.

시베리아 주민들을 비롯한 러시아인들은 정서적으로 중국인, 일본인, 미국인보다 한국인을 선호하는 것으로 알려져 있다. 한국은 강국(일본, 중국, 미국)이 아니기 때문에 한국인의 시베리아 진출을 덜 두려워하고 있다.

중국은 세계에서 인구가 가장 많은 나라이고, 일본은 자본이 많은 나라이며, 미국은 초강대국이어서 러시아, 특히 시베리아 지방 정부와 그 주민들은 미국의 헤게모니화와 중국인화 그리고 일본

자본 귀속을 싫어한다. 게다가 시베리아 지역에는 중국과의 국경 문제, 일본과의 남방 쿠릴열도 4개 섬 영유권 문제, 미국과의 베링해 국경신 문제가 '뜨거운 감자'로 남아 있다.

반면에 소련 지역에 50만여 명의 한인동포(고려인)가 있고, 러시아연방에 15만여 명이 거주하고 있다. 북한 벌목공과 탈북자도 시베리아 지역에 거주하는 것으로 알려지고 있다. 중국 동북3성에 거주하는 한인동포(조선족 약 200만 명) 중 일부는 시베리아 지역에서 국경무역·건설·농업 부문에 종사하고 있을 뿐만 아니라 북·중·러 삼각무역을 행하고 있다. 재외동포는 민족 자산이라는 사고의 전환을 통해 그들과 함께 시베리아 진출 가능성을 모색해야 할 것이다.

자원·식량안보뿐 아니라 남북통합에도 기여

한국의 시베리아 진출의 당위성으로 북한의 개혁·개방 유도와 동북아 지역의 안보 조성, 통일한국 준비를 들 수 있다. 특히 미래의 '통일후발국'으로서 한국은 21세기에 통일될 것이라는 데에는 이론의 여지가 없다. 러시아와 시베리아의 시장경제 체제 이행 과정을 면밀히 분석함으로써 한국은 통일 과정에서 나타날 시행착오를 어느 정도 줄일 기회를 얻을 수 있으며, 통일비용의 상당 부분을 차지하는 체제 이행 비용을 극소화할 수 있을 것이다.

또한 경제통합이나 통일 시 남북한의 시베리아 진출 시나리오를 조성하는 계기를 만들 수 있다. 경제협력 프로젝트, 예를 들면 송유 · 가스관 건설 과정에서 여러 형태의 참여, 남 · 북 · 러 전력 연계망 구축사업, TKR와 TSR 연결사업, 극동지역 농목축 · 수산 개발 · 삼림벌채사업, 나홋카 한국공단, 두만강개발 사업, 관광 협력, 사회간접자본시설(도로 · 항만 · 공항 · 주택 · 발전소 등) 개보수 및 신규 건설 등의 프로젝트 참여 방안 혹은 남북한과 러시아의 3각협력 혹은 다자간 경제교류 가능성을 구체화해야 할 것이다.

시베리아 협력 사업은 이 지역 발전은 물론 러시아 경제력을 배가할 뿐만 아니라 동북아와 아태지역 경제 발전의 '기관차' 역할을 담당할 것으로 예상된다. 이제 한국은 다가오는 시베리아 시대를 맞아 그 잠재력을 현실화하는 데 적극 참여할 의사가 있음을 밝히고, 한반도 국운을 유라시아 대륙으로 확장하는 구체적인 계획을 세워야 할 것이다.

남북한 경색 국면과 북한 핵 문제 등이 아직 해결되지 않고 있지만, 향후 한반도 통합 과정은 긍정적으로 진행될 것으로 예상된다. 시베리아는 한국의 자원 · 식량안보와 기술 교류 등에서 중요한 역할을 담당할 수 있을 뿐만 아니라, 한반도와 국경을 맞대고 있는 러시아의 입장을 고려하지 않은 한반도의 통합과 통일은 거의 불가능할 것으로 생각된다.

한반도 통합 과정에서 시베리아와 인적 · 물적 교류를 활성화하는 것은 상호 경제적 이익을 창출할 뿐만 아니라, 사업 추진 과정에서 재외동포와 북한 동포를 참여시켜 민족 동질성과 정체성을 유지해 나가는 방안이 된다. 이 같은 정황을 고려할 때 한국 정부와 기업은 러시아와 시베리아의 중요성을 인식할 뿐만 아니라 지역 전문가 양성을 위한 중장기 대책도 마련해야 할 것이다.

러시아와 시베리아 지역은 한국과의 협력 없이도 발전할 것으로 전망된다. 자본력과 인적 네트워크가 강한 구미 국가와 중국, 자본력이 풍부한 일본의 대대적인 러시아·시베리아 경제협력은 한반도의 미래에 지대한 영향력을 행사할 것으로 생각된다. 결론적으로 자원빈국이며 섬처럼 살아가는 한국의 21세기 미래는 전적으로 시베리아에 달려 있다고 본다. 자원·에너지와 식량 안보 차원뿐만 아니라 한국 경제주체의 경쟁력 확보를 위해서도 정부와 기업이 러시아와 시베리아로 진출해 인적·물적 교류를 강화하는 일이 절실한 시기가 도래했다.

이러한 관점에서 수린 박사가 '코리아 선언'(한·러 공생국가론)에서 주장하는 '한민족의 제2차 시베리아 이주정책'은 남한과 한민족으로서는 너무나 고맙고 반가운 사실이다. 그러나 이 제안은 여러 면에서 제약 요인과 걸림돌이 너무나 많다. 러시아 정부뿐 아니라 한국과 북한 정부의 공식 입장도 아니다. 또한 남·북·러 정부 간에 합의된다 할지리라도 주변국, 특히 중국과 일본은 물론 구미 국가들과 외교적 마찰을 빚을 소지가 크다.

남북한의 긴장완화와 협력뿐만 아니라 남·북·러 각 국민, 특히 한국민의 사회적 합의 도출이 절대적으로 필요한 실정이다. 남북한 주민의 이질성 문제뿐만 아니라 시베리아 생활공간에서 거주하는 한민족(남한 기업인, 극동지역 사할린 고려인, 러시아 국적 및 무국적 북한인, 중국 조선족, 중앙아시아 이주 고려인, 북한 벌목공, 북한이탈주민 등)도 사회적 지위나 신분 질서가 다양한 형태로 남아 있어 내부 갈등과 차별화 혹은 서열화 등이 표출되고 있는 실정이다.

한국의 미래는 시베리아에 달려 있다

그럼에도 한국과 한민족의 시베리아 진출은 여러 관점에서 매우 중요한 사항임에는 분명하다. 수린 박사의 제안을 구체화하기 위해 필자는 정부와 민간 차원에서 여러 형태의 단기와 중장기에 걸친 협력과 교류가 절대적으로 필요하다고 생각한다. 한국과 러시아 중앙정부 차원의 협력과 교류, 예를 들면 정상회담 정례화, 중앙부처 또는 국회 간 정례 협의회 창설과 구체화 과정이 필요하며, 정상회담과 협의회 또는 다양한 분야에서 일반·특별협정 체결과 업데이트 등을 통해 양국 고위층 실무자 간 이해의 폭을 증진하는 노력이 필요하다.

또한 지방정부 차원의 협력과 교류도 강화되어야 할 것이다. 지방정부 차원의 자매결연(부산과 블라디보스토크, 제주도와 사할린, 충청남도와 아무르 주, 이르쿠츠크 주와 경상북도, 동해시와 나홋카, 대전시와 노보시비르스크 시 등)도 일회성 행사나 형식적 교류를 넘어 실질적 교류와 협력의 장이 될 수 있도록 발전되어야 할 것이다.

따라서 지방정부 간 상품 및 투자 박람회 정례화나 전시회 등의 문화 교류뿐만 아니라 시베리아 지역에서 개최되는 포럼(바이칼 경제포럼, 크라스노야르스크 포럼, 노보시비르스크 포럼, 하바롭스크 포럼)과 여러 형태의 투자설명회 등에 한국 정부와 민간단체들이 적극 참여하는 일이 필요하다.

정부는 한국 기업의 시베리아 투자정책을 활성화하기 위해 금융과 세제 등의 지원뿐만 아니라 시베리아 기업과 개발 프로젝트 정보 및 투자 관련 자료를 제공할 수 있는 기관을 한국과 시베리아 지역에 설립할 필요성이 있다.

양국 정부는 단기적으로 비자 간소화 혹은 면제 협정, 시베리아 한국공단 또는 코리아타운 건설 협정 등을 논의할 수 있을 것이다. 또한 시베리아 지역에서 남·북·러 삼각협력이나 다자간 협력을 구체화하기 위해 한국과 러시아 정부는 북한의 참여를 유도하거나 북한 노동력을 활용하는 방안 등에 관한 협정을 체결할 수도 있을 것이다. 이를 위해 시베리아 지역에서 시험적으로 남·북·러 삼각협력을 위한 공단 조성, 사회간접자본시설 건설 프로젝트, 농업 개발 등에 남한의 자본과 기술력, 러시아의 자원과 토지 그리고 북한의 노동력 충원 등을 통해 상생할 수 있다면 여러 부문에서 삼각협력은 더욱 활성화될 수 있을 것이다.

결론적으로 자원수탈이나 환경파괴, 노동착취 방법으로 행해지는 삼각경제협력은 단기적 이윤은 가능케 할지는 몰라도 중장기적으로 많은 문제점을 노출함은 물론이고 협력의 한계에 직면한다는 사실을 인식해야만 한다. 무한한 잠재력을 지닌 시베리아 지역에서 경제협력은 지속적인 성장전략과 환경친화적 사업 방안의

균형적인 조화가 필수적이다. 한국과 한민족의 시베리아 진출은
중장기 측면에서 상호 이익을 추구하는 윈윈 전략 차원에서 교류
를 진행해 나가야 한다.*

시베리아를 거쳐 베링으로…

- 미래 한국을 위한 새로운 공간 모색

최우길 | 선문대학교 교수

나라 안팎이 어지럽다. 세계는 경제 위기 속에 표류하고 있다. 정치가 희망을 주어야 하는데, 국내 정치는 금권과 부패의 늪에서 헤어나지 못하고, 세계정치는 폭력의 질곡에 갇혀 있다. 밤이 깊으면 새벽이 머지않다고 한다. 겨울이 깊으면 봄이 곧 오리라고 한다.

우리 시대는 새로운 발상을 요구하고 있다. 지난 세기는 군사적 힘(강병)과 경제적 힘(부국)을 중요시하는 근대국가와 자본주의 시대를 달려 왔다. 21세기의 세계질서는 지구화, 국제화, 자본주의화의 모습이 중첩된 복합적 질서를 띠고 있다. 민족국가가 여전히 힘을 발휘하는가 하면 국가 단위를 넘어서는 지역질서, 지구적 시장, 시민사회 조직, 국제기구 등이 역할을 하고 있다. 우리는 국가 흥망은 물론이고 세계와 지구의 흥망까지도 염려해야 한다.

21세기를 맞고 있는 우리는 새로운 문명사적 변화에 직면해 있다. 지난 세기의 비극을 반복하지 않으려면 시대 변화를 읽고 적어도 백년 앞의 세계질서를 내다볼 수 있는 안목을 키워야 한다. 근대 이래 국제정치사의 주역이었던 국민국가는 여전히 무대 위에 남아 있는 한편, 국가의 보조적 역할을 담당했던 세계무역기구 WHO 같은 지구조직, 유럽연합EU 같은 지역조직, 국경없는 의사회 같은 시민사회조직이 무대 위에서 상대적 자율성을 확대하고 있다. 부국강병이라는 근대국가의 중심무대도 정치·경제 등은 물론 지식·환경·문화·과학기술 등을 포함한 복합적인 무대로 변화하고 있다.

21세기 국제무대의 주인공들은 힘에 의해서만이 아니라 복합적인 무대에서 끊임없이 중심 없는 그물망을 치면서 동시에 그물망을 유동해야 할 것이다.[38]

우리 삶의 공간 변화에도 유의하여야 한다. 19세기 중반까지 중국 중심의 천하질서라는 공간에서 살아왔던 한국은 구미 중심의 근대 국제질서를 만나 국민국가라는 삶의 공간을 마련해야 했다. 서구와 일본 제국주의 침탈로 인한 식민지화는 새로운 근대공간의 마련을 어렵게 했다. 잠시 얻은 해방공간도 냉전이라는 국제정치의 현실과 국내 정치의 분열 및 갈등으로 무산되었다. 근대국가화하지 못한 한반도의 과제는 여전히 통일이다. 그 통일은 남과 북이 하나 되는 것(一統)을 넘어서, 안과 밖의 주인공과 모두 통하는 것(全統)이어야 한다.

---

38 하영선(엮음), 『21세기 한반도 백년대계-부강국가를 넘어서 지식국가로』(풀빛, 2004) 참조.

그 통일은 미국과도, 중국과도, 일본과도, 러시아와도 통하는 그런 통일이어야 한다. 한·미·일 동맹을 유지하면서 중국과의 '전면적 동반자관계'를 품는 '복합 외교'를 추진해야 한다. 동아시아 소국인 한반도가 상대적 자율성을 높이기 위해서는 동아시아 밖에 있는 EU와 같은 힘을 최대한 활용하여야 한다. 무엇보다 러시아의 존재를 잊지 말아야 한다.

코리아선언과 베링 해협 프로젝트

블라디미르 수린 박사의 '코리아선언'은 창의적인 발상이자 기념비적인 제안이다. 수린 박사는 한국과 러시아가 공생국가를 만들어 21세기 프런티어인 시베리아 개발에 협력해야 한다고 역설하고 있다.

수린 박사의 제안은 19세기 말 일본 주재 청국공사관 관리였던 황준헌(黃遵憲)의 '조선책략(朝鮮策略, 1880)'에 필적한다. 황준헌은 주로 러시아의 남하정책을 염두에 두고, 제국주의 침탈을 목전에 둔 조선이 중국·일본·미국과 협력하여(親中國·結日本·聯美國) 러시아를 막아야(防俄) 한다고 제언하였다.

이에 반해 수린 박사는 미국, 중국과의 관계는 잘 유지하면서 한국과 러시아가 생존·번영하기 위해서 한·러 공생국가를 만들어야 한다고 제안하고 있다. 즉, 한·러 공생국가는 쇠퇴해 가는 '팍스 아메리카나Pax Americana'와 새롭게 등장하는 '팍스 시니카Pax

Sinica'의 연결고리 역할을 해야 한다는 것이다.

수린 박사는 '코리아 선언'을 구체화하기 위한 사업으로 베링 해협을 육로로 잇는 메가 프로젝트를 높이 평가하고 있다. '코리아 선언'은 구체적 사업인 베링 해협 프로젝트를 통해 비로소 자기실현적 예언이 될 가능성이 있다.

21세기는 글로벌 통합의 시대이자 새로운 발상이 필요한 시기임에 틀림없다. 그것이 훗날 '새로운 개혁' 또는 '21세기 르네상스'라고 일컬어질지 모를 일이다. 수린 박사는 21세기 글로벌 통합 가능성의 지리적 기준점을 베링 해협에서 찾고 있다.

그에 따르면, 베링 해협 프로젝트는 베링 해협 양안의 공간적 연결을 넘어서서 현재와는 확연히 구별되는 지정학적 공간요소와 시간요소의 결합체이다. 베링 해협 터널은 팍스 아메리카나를 팍스 시니카라는 공간과 시간의 무대로 연결하는 물리적인 터널임과 동시에 인식의 교통로로서의 지적 터널인 것이다.

베링 해협 터널은 새로운 문명세계로 나아가는 매개체이다. 수에즈 운하가 지중해와 인도양을 연결하고 파나마 운하가 대서양과 태평양을 이어 놓았다면, 베링 해협 터널은 유라시아와 아메리카, 나아가 미국 문명과 중화세계를 연결하는 것이다.

수린 박사는 팍스 시니카의 시대가 중국이 갖는 지정학적 우위인 노동력을 바탕으로 한 제국적 노동분배 시대가 될 것으로 예측한다. 노동의 글로벌 배분을 위해서는 미국, 러시아, 중국 등 강대국 사이의 공생과 협력이 필수적이다.

과거 냉전시대의 양극체제나 20세기 말 미국 중심 일극체제의 논리로 새로운 시대의 문제를 해결할 수는 없다. 다극체제의 공생과 협력 논리를 개발하고 인정할 필요가 있다.

미국을 비롯한 서구 선진국들은 인구 감소로 야기될 생존이라고 하는 근본문제를 해결할 수 없다. 중국은 세계 경제성장 동력의 중심이 되고 있지만, 공간적으로 중국 북쪽의 거대한 땅, 시베리아 또는 우랄산맥 동쪽 러시아 지역(자우랄리예)과의 연계가 불가피하다. 이 지역은 천연자원이 풍부하여 세계 수자원의 4분의 1을 보유하고 있으며, 인류가 앞으로 1천500여 년간 사용할 수 있는 석탄 매장량을 보유하고 있다. 자우랄리예 지역은 쇠퇴해 가는 서방 선진국들과 인구과잉 문제로 고심하는 개발도상국들에 공히 희망을 주는 21세기 프런티어이다.

러시아 처녀지인 서부 시베리아지역, 자우랄리예를 누가 개척할 것인가. 인구동태학적으로 쇠퇴의 길에 들어선 러시아인에게 기대할 수 없다. 중국인들에게 개발하도록 한다면 이 땅은 중국 땅이 될 것이다. 러시아는 이 점을 특히 두려워하고 있다.

수린 박사는 한민족에 기대를 걸고 있다. 왜 한민족인가. 수린 박사는 그 이유로 한국의 자본 · 기술 · 경영능력, 한민족의 근면성 · 친절성 · 열린 민족성, 연해주와 중앙아시아를 개척한 경험(고려인), 한민족 공동체의 정체성 유지 특징 등을 들고 있다. 무엇보다도 중국인에 대한 우려와는 달리 한민족이 러시아 민족과 시베리아를 흡수할 수 없다는 점이다.

수린 박사는 한민족 2천5백만 내지 3천만 명이 시베리아로 이주하여 '러시아 제2차 국민처녀지 개척 프로젝트'를 진행해야 한다고 역설한다. 이주의 전제조건이 한·러 공생 국가연합의 창설이다. 공생국가 체제에서 러시아와 한국 양국은 기존의 정치 시스템을 유지하되 양 국민을 각각 내국인 대우를 하여 자유로운 이동과 체류를 보장한다.

특히 한국인이 자발적으로 자우랄리예 지역에 이주하는 것을 허용한다. 한·러 공생 국가연합을 창설함으로써 통합세계의 새로운 모델 형성과 발전이 가능한 것이다. 한국의 지식·기술·자본의 잠재력과 러시아의 광활한 자연·자원·공간적 잠재력이 결합하는 것이다. 이와 더불어 베링 해협 프로젝트는 새로운 통합모델을 추진하기 위한 구체적 작업의 시발점이며 촉매제가 될 것이다. 글로벌 통합 모델을 러시아와 한국이 시작하는 것이다.

수린 박사에 따르면, 21세기 인류는 새로운 문명의 시공간에 진입하고 있다. 즉, 오늘날 세계는 팍스 아메리카나와 팍스 시니카라는 두 개의 문명이 상호 작용하고 침투하는 중간지대에 위치한다. 이런 변환기에 알맞은 이데올로기와 세계관이 존재하지 않는 것이 오늘 인류가 직면한 현실이다. 지속적으로 변화하는 세계의 모습을 시공간적 복합구조 차원에서 보여주고 이 변화에 효과적이며 긍정적인 영향을 미칠 도구를 만들 수 있는 지정학을 제시해야 한다. 베링 해협 프로젝트는 이러한 의미에서 새로운 지정학적 시사점을 제공할 수 있는 역사적인 프로젝트이다.

이 프로젝트는 러시아, 중국, 미국 등 강대국이 공존·상생할 수 있는 근거가 될 것이다. 미국은 지정학 측면에서 역사상 가장 성공적인 국가로서 막강한 군사력과 정치력으로 현재까지 세계 도처에서 효과적인 영향력과 통제력을 발휘해 왔다. 러시아는 거대한 영토 공간을 통제하는 일이 우선이고, 중국은 과다한 인구를 통제하는 일이 급선무이다. 러시아의 지정학적 사고방식의 근저에는 '공간' 이 주축을 이룬다면, 중국인의 지정학적 사고방식은 '사람' 에 기초한다고 할 수 있다. 팍스 시니카 시대는 중국의 지정학적 우위인 노동력을 바탕으로 한 제국적 노동분배의 시대가 될 것이다.

베링 해협 프로젝트는 저무는 팍스 아메리카나와 떠오르는 팍스 시니카를 연계해 공존과 상생의 시대를 열게 할 것이다. 러시아, 미국, 중국은 지정학적·물리적 협조를 통해 '공생으로 향하는 터널' 을 건설하도록 노력해야 할 것이다.

세계적인 경제위기를 맞아 온 세계와 미국은 세계 기축통화로서 달러화의 위상이 변화할 경우 어떤 결과가 초래될 것인지 촉각을 세우고 있다. 베링 해협 프로젝트는 이런 상황을 발전적이고 긍정적인 측면에서 타개하는 지정학적 촉매제가 될 수 있다. 달러화 가치가 유지될 향후 10년 동안 베링 해협 프로젝트와 같은 사업에 투자함으로써 그 가치를 보전하면서 새로운 세계의 진입을 준비할 수 있을 것이다.

베링 해협 프로젝트는 팍스 아메리카나의 과대평가된 자본을 흡수하여 달러화가 여전히 기능하도록 돌파구를 제공할 수 있다. 베링 해협 프로젝트는 미국 달러화, 한민족의 기술과 노동력, 러시아 천연자원이 글로벌 컨베이어를 움직이는 삼각동력으로서 시너지 효과를 창출하도록 할 것이다.

베링 해협 프로젝트는 두 개의 세계(미국문명과 중화세계)를 연결하고, 4대 강국(러시아·미국·중국·일본)을 소통시킬 것이다. 이 프로젝트는 한국을 기점으로 하는 동북아시아 교통망이 세계적인 교통 인프라와 연결되도록 하고, 나아가 세계 평화에도 기여하는 시발점이자 완성점이 될 것이며, 팍스 시니카라는 새로운 시공간에서 연결점 역할을 훌륭히 수행할 것이다.

인류 평화를 위한 프로젝트

베링 해협을 사이에 둔 두 대륙을 연결하자는 제안은 백 수십여 년 전부터 있어 왔다. 21세기 들어 이 프로젝트를 적극 추진하고 있는 것은 평화통일재단이다. 베링해협 프로젝트는 2005년 9월 12일 미국 뉴욕에서 열린 천주평화연합UPF 창설대회에서 세계평화통일가정연합 문선명 총재에 의해 제창됐다. 평화통일재단은 이를 뒷받침하기 위해 설립된 국제적인 비영리재단이다.

문 총재는 베링 해협 프로젝트를 선언하면서 이 프로젝트가 세계 평화를 위한 것임을 명백히 했다.[39] 단절된 동반구와 서반구를

---

[39] 이용흠 평화통일재단 부이사장은 2006년 베링 해저터널 공사비를 약 2천억 달러로 예상했다. 조지프 스티글리츠 컬럼비아대 교수는 미국의 이라크전 전쟁 비용이 3조 달러를 웃도는 것으로 추정하였다(The Three Trillion Dollar War). 그는 이 비용이 인플레이션을 감안하면 제2차 세계대전 당시 전체 전비를 넘어 5조 달러에 이른다고 주장하였다. 이용흠, "영구적 세계평화를 위한 베링해협 프로젝트," 『통일세계』 통권 421호(2006): 131-143.

이어줌으로써 인적 · 물적 소통이 가능하도록 해주면 결국 인종과 국경, 문화, 종교의 벽이 깨지고 세계평화를 이룩할 수 있다고 역설했다. 그는 베링 해협 프로젝트에서 해저터널 건설은 현대 토목 기술상 문제가 되지 않으며 건설비 역시 미국이 이라크전쟁에서 쓴 전쟁비용 정도면 충분히 감당할 수 있다고 강조했다. 그는 또 이 프로젝트는 특정한 국가에서 수행하기보다는 새로운 국제기구나 경제질서 하에 '인류 공동의 프로젝트'로 설정하여 모든 국가와 민간의 참여와 협력을 통해 실현하자고 역설했다.

문 총재는 이에 앞서 1981년 11월 10일 세종문화회관에서 열린 제10차 국제과학통일회의에서 전 세계를 육상교통망으로 잇는 국제평화고속도로망 건설을 제안하면서 한 · 일 해저터널 프로젝트를 제창한 바 있다.

베링해협 프로젝트는 세계평화 구축이라는 이상 추구와 함께 실질적으로 자원의 보고인 시베리아와 알래스카 개발을 가능케 해 미래 인류사회의 자원부족을 타개하고 지구촌의 경제 르네상스 시대를 앞당길 수 있다. 아프리카와 중남미 등 저개발 지역에도 경제적인 혜택을 확산해 인류 사회의 불평등을 해소하게 될 것이다. 시간은 걸리겠지만, 이 프로젝트는 세계 평화와 번영의 초석이 될 것이며, 모든 인류가 문화와 기술 교류를 통해 진정한 이웃이 되어 다 함께 잘사는 인류 복지사회 건설에 이바지하는 계기가 될 것이다.

평화를 위한 새로운 공간 창출

새로운 시대를 맞은 인류는 새로운 공간이 필요하다. 20세기 냉전과 한반도 분단의 시대를 살아온 우리에게 새로운 삶의 터전을 창출하는 일은 그만큼 더 시급한 일이다. 남북 정상회담이 있었던 2000년 우리는 서울과 평양을 지나 시베리아횡단철도TSR를 타고 육로를 통해 영국 런던에 이르는 꿈을 꾸었다. 사실 블라디보스토크부터 그 꿈은 현실이 되었다.

우리는 이제 기차 또는 자동차를 타고 동시베리아를 지나 베링 해협을 건너 알래스카, 캐나다, 북미와 남미 대륙을 종단하여 칠레 남단에 이르는 것을 꿈꾼다. 새로운 길은 우리에게 새로운 생활공간과 세계를 부여할 것이다. 얼음으로 뒤덮인 시베리아는 우리에게 석유, 천연가스, 석탄, 목재, 금, 다이아몬드 등 자원을 제공할 것이다. 물론 그 개발은 인류의 후손을 위한 환경보전적이며 지속가능한 것이어야 한다.

베링 해협 연결은 사실 새삼스러운 것은 아니다. 수만 년 전 빙하시대에 시베리아와 알래스카는 연결되어 있어서 동식물과 사람들이 동쪽으로 이동하였다. 아메리칸 인디언의 유래는 유라시아 대륙이었다고 한다. 우리 한민족은 시베리아에의 꿈도 잊지 않고 있다.

바이칼 호수 부근 부랴트 공화국에 가면 몽골족 후예들이 살고 있고, 혹자는 그곳이 한민족의 고향이 아닌가 하기도 한다. 지금은 섬과 같은 반도에서 살고 있으나, 우리 민족은 대륙을 향한 꿈을 간직하고 있는 것이다. 섬나라 사람인 일본 민족이 19세기 이후 대화(大和)를 이야기하며 만주국을 세우고 시베리아에 진출하였던 것도 대륙의 꿈과 무관하지 않다.

이 프로젝트는 단순히 과거 회귀를 목표로 하는 것은 아니다. 몽골반점을 가진 종족들이 그 뿌리가 하나였음을 기억하되, 민족국가로 분열된 현실을 극복하고 화동의 미래를 약속하자는 것이다. 그 화동의 꿈은 자연적 또는 역사적 이유로 없어져 버린 과거의 길을 다시 이음으로써 이루어지는 것이다.

베링해협 프로젝트는 동반구과 서반구를 이음으로써 '환태평양 교통망'을 완성하려는 것이다. 냉전 시대에 대립·반목했던 미국과 러시아를 연결하고, 유라시아와 아메리카 대륙을 이음으로써 인류를 위한 새로운 생활공간을 창출하는 것이다. 베링 해협을 해저터널로 잇고 그 터널 양쪽을 철도로 이어주면 텅 비어 있는 광대한 시베리아에 철도역이 생기고 철로 양쪽으로 새로운 생활공간이 생겨나게 된다. 그 공간이야말로 우리 민족이 개척자정신으로 도전해볼 만한 프런티어가 아니겠는가.

베링 해협 프로젝트는 우리 한민족에 또 다른 면에서 기회이기도 하다. 터널 건설도 그렇지만 시베리아와 알래스카에 건설해야 할 총 6천km가 넘는 철로 건설공사를 실제 누가, 어느 민족이 담당할 것인가. 열사의 땅에서 극지환경에 이르기까지 적응 가능한 민족은 많지 않다. 만약 한국의 앞선 건설기술과 자본이 북한의 '규율 잡힌' 노동력과 함께 투입된다면 어느 나라 어느 민족보다 경쟁력을 갖게 될 것이다. 북한은 우리가 지난날 중동에서 오일달러를 벌어 경제 발전의 기초를 다진 것처럼, 베링 해협 프로젝트에 뛰어난 노동력으로 뛰어들어 '시베리아달러'를 벌어들일 구상을 해야 하며, 우리가 그들의 참여를 이끌어내야 할 것이다. 그래야 통일에도 도움이 된다.

수린 박사는 '코리아 선언'(한·러 공생국가론)에서 '삼위일체 코리아' 개념을 통해 미래 한국을 위한 흥미 있는 관점을 제시하고 있다. 즉 한국을 남한과 북한, 그리고 코리안 디아스포라라는 '3개의 단일화한 복합 코리아'로 보아야 한다는 것이다. 이런 관점에서, 수린 박사는 통일에 대하여 말할 필요가 없다고 한다. 현재 상태가 한민족 최적의 존재 방식이며, 남북통일을 위해 쓸 데 없는 에너지를 쏟아붓는 것보다 한·러 공생국가를 시도하는 것이 현실적 방안이라고 한다. 역설적으로 세 힘의 코리아가 서로 대립하지 않으면서 공존하는 것이 최상의 국가체제이며, 한민족 공존을 보장하는 길이라고 수린 박사는 제시하고 있다. 의미심장한 관점이다.

베링 해협 프로젝트는 유라시아와 아메리카 대륙의 연결, 러시아와 미국의 연결, 팍스 아메리카나와 팍스 시니카의 조화, 세 개의 코리아·미국·일본·중국·러시아의 통합을 가능하게 하는 '문명적인 프로젝트'이며 시베리아를 새로운 생활공간으로 바꾸어놓는 프로젝트이기도 하다. 그 새롭게 만들어지는 공간에 남북한과 중국, 러시아 등지에서 살고 있는 코리안 디아스포라가 함께 들어가게 되면 러시아 극동에서 시베리아의 주인이 될 수도 있는 것이다.

베링해협 프로젝트를 남의 일로만 보고 있을 수 없는 이유가 여기에 있다고 하겠다. *

제5부
한 · 러 공생국가로 가는 길

"한·러 간 성공적인 경제적 공생관계를 설정하기 위해서는 무엇보다도 양국 전문가 간의 충분한 연구와 논의를 통하여 그 기본 구도를 정치하게 짜고 … 양국은 그 합의가 제대로 실현될 법과 제도를 정비하여야 할 것이며, 그 실현 과정에서도 상호간의 깊은 이해와 협력을 필요로 한다. 또한 공동개발을 전개 하는 가운데 발생하는 각종 분쟁도 신속하고 효과적으로 해결될 수 있도록 제 반 여건을 마련하는 것이 중요하다."

ㄱ 이상면

"시베리아, 극동·연해주에서의 유라시아 복합문화 발전은 한국과 러시아 공생 공간의 실현으로부터 시작될 수 있으며, 그것은 단순한 인구이동에 의한 물리 적 결합 또는 막연한 개념의 유토피아적 꿈이 아닌 영구적인 융화를 위한 실천 적 공간을 구축하는 것이어야 한다. 특히 자연과 공생하는 개발에 의한 새로운 문명공간으로, 다문화가 공존하는 열린 공간이자 공생 이념이 창조되는 공동체 사회관계 공간으로 발전되어야 한다."

― 이길주

한 · 러 공생국가가 이뤄지려면…

이상면 | 서울대 법대 교수

러시아의 사회학자 블라디미르 수린 박사가 주장한 '한 · 러 공생국가론'이 구체화되려면 먼저 양국 간에 충분한 연구와 논의가 있어야 할 것이다. 특히 국제법적인 검토가 제대로 이뤄져야 할 것이다.

공생과 공생국가론의 의미

'공생국가symbiotic state'라는 말은 생태학적인 측면에서 여러 민족이 어우러져 살고 있는 러시아나 중국과 같은 다민족국가 내부에서 민족 간의 관계를 묘사하는 데서 출발한 국내적인 용어다. 역사상 국가와 국가 간에 창설한 '공생국가'는 아직 없으며, 그러한 것이 논의된 바도 없으므로 공생국가는 아직 국제법적인 용어로 사용된 바도 없다.

그러나 '공생관계symbiotic relationship'라는 용어는 다민족국가에서 민족 간의 관계뿐만 아니라 국가 간의 관계에서도 그 관계를 생태학적으로 파악하고 실상을 설명하거나, 전향적인 관계 설정의 방향을 제시하는 데 적지 않게 사용된다. 이 말은 양국 간의 관계뿐만 아니라 여러 나라 사이의 외교석상에서도 당사자 간의 상호 이익을 증진한다는 모토 하에 결속과 유대의 중요성을 설명하고 국제협력을 유도하기 위하여 선언적으로 널리 사용된다.

그래서 다민족 공생국가에서 각 민족들이 지속적·항구적으로 손해를 보지 않고 각기 나름대로 이익을 보고 있으면 공생관계에 있다고 말할 수 있고, 국가 간의 관계에서도 서로 간에 지속적·항구적으로 이익을 보고 있으면 역시 공생관계에 있다고 말할 수 있다. 국제사회에서도 국가 상호간의 관계에서 당사국 간에 손해를 보지 않고 지속적·항구적으로 이익을 보는 관계에 있으면 공생관계에 있다고 말할 수 있다.

공생적 국제관계의 사례

국제관계론international relations적인 측면에서 국가 간의 관계를 생태학적으로 파악한다면 공생적인 국제관계는 적지 않게 찾아볼 수 있다. 한국과 미국의 관계는 한국전쟁 시에 미국이 파병하여 한국을 지원하였을 뿐만 아니라 상호방위조약에 따라 한국이 안보적인 측면에서 많은 혜택을 받고 있고, 미국은 지정학적으로 중요한 한반도에 군사기지를 유지하고 한국이 군사기지를 제공하는 외에 방위비 일부를 부담하고 있으므로 안보적인 측면에서 공생관계에 있다.

최근에 한·중 간의 경제관계가 매우 긴밀해져서 한국 대외무역 의존도의 4분의 1을 차지하게 되었고, 중국 내 한국의 투자액수가 대만에 버금가는 큰 비중을 차지하게 되어 이제는 피차간에 끊으려야 끊을 수 없는 일종이 공생관계에 들어섰다고 말할 수 있다. 소련USSR, 즉 소비에트사회주의연방공화국 시절에 중앙아시아의 우즈베키스탄과 키르기스스탄 등 여러 분방국은 소련이라는 연방국가의 분방으로서 공산주의 실현을 위한 일종의 공생관계를 형성하였지만, 실상은 피차간에 경제적으로 이득이 되는 점이 적었고 문화적·사회적·정치적으로도 상이한 점이 많은 가운데 서로 이득을 보는 면이 별로 없었다. 1980년대 말에 이르러 사회주의 진영의 붕괴 현상이 발생하자 분방국 간의 공생관계는 퇴색하게 되었다. 결국에는 중앙아시아의 각 분방국은 1991년 말 소련이 해체되자 각기 분리독립의 길을 걷게 되었다.

미국의 동부 13개주는 18세기 후반에 들어서자 제각기 영국에 대항하여 독립을 선언하고 독립국가를 표방하였지만, 각 주가 공수동맹을 맺어 독립전쟁을 공동으로 치르면서 독립이라는 서로 간의 이익을 공동으로 추구하기 위하여 국가연합Confederation을 결성하였다. 독립전쟁에서 승전하게 되자 이들 13개주는 국가연합에 만족하지 않고 공생관계 극치의 하나인 연방국가 미합중국

USA을 결성하게 되었다.

이와 같이 다민족국가 내부의 민족 간 공생관계나 국가 간 공생관계는 그 관계를 생태학적으로 파악하여 부여하는 용어이므로, 국가와 국가, 연방국가 내부 분방국 간의 관계, 그리고 국가연합에서 연합 구성국 상호간의 지속적·항구적인 이익 향유 관계 여부에 따라 규정지어진다.

수린 박사가 말한 '한·러 공생국가론'은 일차적으로는 다민족국가인 러시아 국내문제로서 한·러 공생국가 건설을 염두에 두고 자원 개발이라는 특정 분야에서 지속적·항구적으로 상호간에 이득이 되는 체제를 만들어 다민족 공생관계를 형성·운영해 나가는 일환으로 한·러 공생관계 형성을 기술한 것으로 보인다. 러시아 내에 형성된 한·러 간 경제적 공생관계 추진을 위해 개발지역이 양국 간 합의에 따라 설치·운영된다면, 그 지역은 그 합의 내용과 정도에 따라 한·러 간 경제적 공생관계 추진을 위한 특별지역으로 국제법적인 성격을 갖게 될 수도 있을 것이다.

다민족국가와 러시아 분방의 공생관계

다민족국가의 중앙정부가 영역 내 소수민족의 특유한 역사적·문화적·사회적 전통을 유지하는 것을 골자로 혜량devolution 하에 자치권을 부여하여 형성된 자치지역self-governing region은 중앙정부와의 관계에서나 타 민족과의 관계에서나 일단 공생관계에 있다고 말할 수 있다. 자치지역은 일반적으로 중앙정부가 여러 관계 사정을 고려하여 국내법으로 정한다.

중국은 56개 민족으로 구성된 다민족국가이지만 일부 민족적 정체성이 강한 지역에 신장위구르(新疆維吾爾), 시짱(西藏·티베트), 네이멍구(內蒙古) 등 5개 자치구(自治區)를 설치하였다. 자치구보다 규모가 작은 곳에는 조선족(朝鮮族)자치주와 같은 자치주(自治州)를 설치하기도 하고, 그 규모가 더 작은 자치현(自治縣)을 설치하기도 하였다.

자치지역은 중앙정부의 혜량에 의하여 자치권이 부여되는 것이므로 중앙정부 아래 소속되며, 경우에 따라 일방적으로 자치권이 제한되거나 해제될 수도 있다. 자치지역 가운데 더러는 '단치히 자유시Free City of Danzig' 처럼 특정한 이해관계가 있는 국가 간에 소수민족 보호 또는 특수한 경제관계를 내용으로 하는 조약을 체결하여 자치권을 보장하기도 한다.

러시아는 1917년 사회주의혁명 후에 우즈베키스탄, 카자흐스탄 등 중앙아시아 제국과 라트비아 등 발트3국, 벨라루스 등을 통합하여 분방국으로 편입하고 USSR를 건설하였다. 그러나 분방국 상호간에 유대가 부족하고 경제적인 상호 의존관계가 효과를 거두지 못해 70여년의 사회주의 실시 경험이 별 효과를 거두지 못하게 되자, 소련은 1980년대 말에 동서냉전을 종식시킨다는 명분으로 동구권 해체의 기운이 고조되는 가운데 결국 1991년 말 해체되기에 이르렀다.

그리고 그해 12월 8일 러시아와 벨라루스, 우크라이나 수뇌들이 벨라루스 브레스트 북쪽 50km 떨어진 휴양지에서 회동하고, 독립국가연합CIS을 결성하기로 결의하였다. CIS 구성국은 문자 그대로 각기 독립국이 되었고, 구성국간의 관계는 영연합체British Commonwealth처럼 의례적인 것에 지나지 않는다.

국가연합에서의 국가 간 공생관계

국가연합은 공생적 관계에 있는 독립국가 간에 조약을 체결하여 하나의 기치를 내걸고 정치적·경제적·통합적 연합체union를 형성하는 것이다. 국가연합 구성국들은 각기 독립한 국가이므로, 국가연합 형성 이전과 같이 독립된 정부와 군대를 유지하며 외교관계도 제3국과 종전 같은 관계를 유지한다. 이런 까닭에 구성국은 각기 완전한 국제법상 주체로서 국제사회에서 독립한 권리와 의무의 당사자가 된다.

구성국들은 일종의 '통합적 중심기관integrated central organization'을 만들고, 그 결속을 과시하기 위하여 흡사 유럽연합EU이나 미국 초기 단계의 국가연합처럼 통합헌장과 상징 깃발을 만들기도 한다. 국가연합의 '통합적 중심기관'은 국가연합 형성 조약에서 명시한 부문에 한하여 보조를 맞추어 공통의 외교정책을 취할 수도 있겠고, 안보 면 역시 그 조약에서 합의하는 바에 따라 국방정책의 보조를 맞추는 것이 자연스럽게 보일 것이다. 정치적인 통합에 못지않게 현실적으로는 경제적인 면에서의 통합이 중요하므로 공통 화폐와 물자와 인력, 자본과 기술의 자유로운 이동을 보장하는 등 경제적 통합체로서의 이상 실현을 모색할 수도 있다. '통합적 중심기관'은 '공동의 통합정책common integrated policy'을 시행하기 위하여 행정편의상 '통합적 지침directive'을 마련하여 공동 규범으로 삼을 수도 있다.

또한 국가연합은 자체적인 '분쟁해결기구dispute settlement mechanism'를 구비하고, 양국의 의사를 종국적으로 수렴할 수 있는 장치를 마련하는 것도 좋을 것이다. 국가연합의 통합된 의사는 구성국의 국내법을 통하여 보조를 맞추어 반영될 수도 있다. 이와 같이 국가연합은 통합된 정치적 의지를 실현하는 구성국 간의 기구라고 볼 수 있다. 하지만, 그 법적·정치적 행위act는 결국 양국의 국내 절차를 통하여 보조를 맞추어 '각자의 행위로' 나타나게 되는 것이므로, 각 구성국은 자신들의 행위에 대해 각기 따로 책임을 지게 된다. 이런 면에서 국가연합은 국제법 주체가 아니라는 것이 분명하다.

국가연합은 구성국이 각각 독립된 주권국가로서 군권과 외교권 등 국가로서의 모든 권한을 행사하는 것이므로, 구성국 간 공생관계가 지속하고 탈퇴의사가 실현되지 않는 한 존속한다. 구성국 간에 공생관계가 퇴색하여 통합된 행동을 하는 것이 불편하다고 확신하게 되면 구성국 의사에 따라 탈퇴가 가능하다. 역사상 다소의 국가연합이 나타났으나 일정한 목적을 달성하고 연방국가로 발전한 외에는, 이런저런 사유로 공생관계가 부족하여 와해된 경우가 적지 않았다.

국가연합은 구성국 간에 공생관계가 더욱 긴밀하게 되어, 그 구성국이 '통합적 중심기관'에 외교와 국방으로 대표되는 주권을 통합하여 이양하게 되면 연방국가Federation로 발전하게 된다. 미국의 초기단계 국가연합이 곧 미합중국United States of America으로 발전하여 초기 국가연합이 발전적으로 해체된 것은 그 대표적인 예다.

스위스도 초기 단계(1201~1798, 1813~15)에는 '스위스 국가연합'을 형성한 바 있었으나, 공생관계가 극치에 이른 1848년에는 연방국가로 발전하였다. 그런데도 스위스는 연방국가가 된 다음에도 종전의 스위스 국가연합이라는 국가명칭을 그대로 유지하고 있다.

현재 지구상에는 국가연합보다는 연방국가federation, federal state가 비교적 많다. 국가연합은 구성국 간에 정치적 공생관계가 강하여 연방국가로 발전하거나 경제적·사회적·문화적 공생관계의 부족으로 와해되는 일이 적지 않다. 연방국가도 정치적·경제적 공생관계가 무너져 상호간에 지속적인 이익이 존재하지 않게 되는 경우에는 와해되기도 한다.

세르비아·몬테네그로는 유고사회주의연방공화국 체제 하에 있다가 1990년대 초에 유고연방이 와해된 후에 양국이 '낮은 단계의 연방제state union'를 표방하며 유지해 오다가 공생관계가 무너져서 2006년 5월 21일 실시한 주민투표에 의하여 몬테네그로가 같은 해 6월 3일에 독립을 선포하기에 이르렀다. 이어 6월 28일 몬테네그로는 유엔에 192번째 회원국으로 가입하였다.

한·러 간 경제적 공생관계

한·러 간에 인구가 희박하고 자원이 풍부한 러시아·극동 시베리아 지역과 자원이 부족하고 자본과 기술을 구비하여 개발 능력이 있는 한국이 그곳에 이주민을 보내어 자원을 개발하게 하여, 그 보완관계에서 나오는 이익을 지속적으로 함께 향유하는 경제적 공생관계를 설정하게 된다면, 이는 역사상 그 유례를 찾아보기 어려운 일이 될 것이다.

이러한 보완관계를 이용한 자원 공동개발에 기초한 공생관계 설정은 양국 간의 정치적 결속과는 관련이 없는 것으로서, 위에서 살핀 국가연합 등 각종 국제적 통합제도와는 관련이 없다. 정치적인 목적이 없는 순수한 경제적인 제휴이므로 중국, 일본, 미국 등 한반도 문제에 이해관계를 가지고 있는 나라들과도 이해가 상충하는 부분이 없어서 그 추진에 애로 사항이 비교적 적다고 할 수 있다. 양국 사이에 지리적으로 북한이라는 존재가 긴장 요소로 존재하고 있는 점과 양국민 사이에 사회적·문화적으로 아직 유대가 일천한 점은 공히 애로 사항이 될 것이며 함께 노력하여 극복하고 보완해 나가야 할 과제라고 할 것이다.

수린 박사도 한·러 간의 공생관계 추구를 '기업 간의 제휴'에 비유하기도 한 만큼, 이러한 프로젝트는 다분히 경제적 논리 하에 있다는 사실을 염두에 두고 구도를 짜야 할 것이다.

법적 · 제도적 기본구조 정치하게 짜야

한 · 러 간에 모색하는 이러한 경제적인 제휴는 '정치한 조약 체결'을 통하여 그 구도에 대한 청사진이 나올 필요가 있다. 한국인이 러시아 국민 지위를 부여받아 현지에 정착하여 개발하고 생산된 자원을 독점적으로 한국에 적절한 가격에 공급하고, 현지에서 올린 수익을 자유롭게 처분하거나 한국으로 보내는 것이 보장되는 안정적인 틀을 짜는 것은 자못 환상적이라고 할 수 있지만, 인위적인 면이 다분하므로 그만큼 어려운 면이 적지 않을 것이고 상호간의 이해와 협력을 필요로 한다고 할 것이다.

한 · 러 양국의 이러한 경제적 공생관계 설정은 양국 문화적 · 사회적 · 정치적 유대가 적은 가운데 인위적으로 형성하려고 하는 것이므로, 상생과 호혜 평등의 원칙에 따라 지속적으로 이익을 창출할 수 있는 안정적인 시스템을 짜서 원만하게 운영되도록 하는 것이 중요하다. 그 성공 여부는 그 시스템이 잘 운영되고 지속적 · 항구적인 이익 창출이 보장이 되어 생태학적으로 보아도 자연스러울 만큼 상리적인 공생관계가 지속적 · 항구적으로 이어지느냐에 달려 있다고 해도 과언이 아닐 것이다.

한 · 러 간 성공적인 경제적 공생관계를 설정하기 위해서는 무엇보다도 양국 전문가 간의 충분한 연구와 논의를 통하여 그 기본구도를 정치하게 짜고, 양국 정부 간에 자원 공동 개발을 위한 세부계획을 수립하여 운영하고, 거기에서 생산된 자원을 어떠한 기준과 조건으로 한국에 공급되도록 할 것인가를 정해야 한다. 양국 간의 합의는 특정 지역에서의 공동 개발에 의한 공생관계를 운영하는 기본적인 규범이 될 것이므로, 양국은 그 합의가 제대로 실현될 법과 제도를 정비하여야 할 것이며, 그 실현 과정에서도 상호간의 깊은 이해와 협력을 필요로 한다. 또한 공동개발을 전개해 나가는 가운데 발생하는 각종 분쟁도 신속하고 효과적으로 해결될 수 있도록 제반 여건을 마련해두는 것이 중요하다.

또한 양 국민 간에 존재하는 언어적 · 문화적 차이를 극복하고 사회적 · 정치적 제반 조건에 적응케 하는 여건을 조성하여 경제적 · 공생적 관계 설정을 용이하게 하여야 한다. 한 · 러 경제적 공생관계가 지속적 · 항구적인 발전을 할 수 있도록 양국 간에 정치한 조약의 체결을 통하여 법적 · 제도적 장치를 마련하여야 한다.

양국 정부 간에 충분한 검토와 연구를 거쳐서 경제적 공생관계 설정의 청사진을 작성하고 그 실현 가능성을 점검하고 실현 의지를 확인한 다음에 그 실현 절차에 관한 로드맵을 작성하여 국내 실행을 위하여 법과 제도를 정비해 나가야 할 것이다. 그 실행 과정에서도 지속적인 상호 이익의 보장을 전제로 하는 경제적 공생관계가 제대로 유지되도록 항시 점검하고 불필요한 오해와 분규에 대비하여 분쟁해결장치가 완비되어야 할 것이다.

러시아 극동 · 시베리아 지역에서 자원 공동개발 체제가 수립된 후 상호 이해와 협력 속에 원만하게 운영되어 경제적 공생관계가 지속적으로 유지 · 발전됨으로써 항구적인 이익 창출이 증명되어 상호간에 신뢰가 누적된다면, 양국은 협의를 통하여 공동개발 지역과 분야를 확대해 나갈 수도 있을 것이다.

이러한 성공적인 경제적 공생관계의 유지·발전은 현재 일천한 양 국민 간의 사회적·문화적 유대를 돈독하게 하고, 양국의 정치적 유대도 더욱 발전하게 될 것이다. 국제정치적인 면에서도, 한·러 간의 경제적 공생관계의 지속적·항구적인 발전은 남북한 관계에 긍정적인 영향을 미칠 수 있을 것이고, 장기적인 안목에서 볼 때 동북아 지역의 평화 정착에도 일조할 것으로 기대된다.*

시베리아 신문명 프로젝트를 위하여

이길주 | 배재대 러시아학과 교수

"우리는 유럽에서 식객이고 노예였지만, 그러나 아시아에서는 우리가 주인이 됩니다. 유럽에서 우리는 타타르였으나, 아시아에서는 우리가 유럽인들입니다. 아시아에서 우리의 임무는 문명보급자로서의 사명의 실천이며, 그것이 우리의 정신을 사로잡고 그곳으로 우리를 끌어들일 것입니다. 단지 출발이 필요할 뿐입니다. 단지 2개의 철로를 부설하는 것입니다. 그것으로부터 시작될 것입니다. 하나는 시베리아로, 다른 하나는 중앙아시아로, 그러면 곧 그 결과가 보일 것입니다."[40]

---

[40] 표도르 도스토옙스키 『작가의 일기』 (이길주 편역, 서울: 지만지, 2008) 162쪽.

시베리아를 다시 봐야 한다

단군왕검(檀君王儉)은 환웅(桓雄)의 아들이며, 어머니 웅녀(熊女)가 신성한 제단 나무인 '신단수' 아래에서 빌어 태어났다. 이 신단수 신화에서 나타나는 상징적 의미가 시베리아의 전통적인 나무숭배 의식, 즉 우주와 통하는 신목의 상징성과 관계가 있다. 나무숭배 의식은 시베리아의 고대 샤먼 문화 속에서 세계수·우주목 신앙으로 발전하여 한국을 비롯한 북아시아 샤머니즘 문화권에 광범위하게 공유되었다.

대륙에 연결되어 있던 한반도 남쪽은 폐쇄된 섬과 같은 지정학적 위치로 전락하고, 때론 동서까지 나뉘어 남북동서가 언어와 문화에서 각기 이질화되어 왔다. 말 달리며 만주와 시베리아 대륙을 주유하던 유목민의 기질을 간직한 한민족에게 그것은 일시적 천형이 아니었던가?

그런데 러시아의 개방으로 대륙과 한반도를 철길로 연결하려는 구상 등 북방 대륙이 열리고 한민족의 유목민 기질이 다시 복원되는 듯하다. 시베리아를 다시 보아야 한다. 정치경제적 측면과 함께 문화와 문명적 차원에서 다시 보아야 할 단계이다. 한국은 이제 반도적 위상을 청산하고 대륙성을 회복해 갈 수 있다.

시베리아는 극동지역을 포함하여 세계 육지의 10분의 1이나 되는 거대한 땅이며, 서쪽으로 우랄 산맥에서 시작하여 극동은 한국, 중국, 몽골이 접경해 있는 아시아 영역이다.

러시아는 2012년 아시아·태평양경제협력체APEC 총회의 블라디보스토크 유치 등을 계기로 아시아, 시베리아 공간에 대한 관심과 배려를 구체화하고 있다. 이는 블라디미르 푸틴 정부 이후 형성된 사회적 안정과 경제성장을 바탕으로 형성된 기류이다.

한편 동북아 에너지 안보와 관련하여 이 지역의 지정학·지경학적 가치의 중요성이 대두되며 러시아의 정체성과 함께 영토 안보 문제가 제기되고 있다. 중국과 국경을 접하고 있는 시베리아·극동 지역 러시아에서 경제 교류가 급증하면서 중국인들이 밀려들고 있지만, 이와 대조적으로 러시아 및 시베리아 인구는 급감하면서 그에 따른 위기감이 조성되고 경제 발전 동력의 문제가 제기되고 있는 것이다.

시베리아·극동 지역에는 원래 일본의 북방 도서 반환 요구, 북한의 체제 불안정성, 비약하는 중국의 경제력과 동북공정이라는 역사왜곡 작업이 맞물려 중·러·일, 남북한과 극동·시베리아 지역 간의 갈등구조가 내재돼 있다.

특히 두만강 주변을 비롯한 중·러 접경, 그리고 극동 연해주 지역에서는 중국에 대한 경계심이 극대화되고 있다.[41] 이미 1689년

---

41 특히 양국 국경 주위의 인구 격차 문제가 심각하다. 러시아 극동 인구는 700만 명이고 중국 동북3성 인구는 1억2천만 명(러시아 학자 추산)으로, 국경지대 1킬로미터당 러시아인은 1명인 데 비해 중국인은 6만3천 명이어서 인구학적 압박감이 심하다고 경고하였다. 1991년, 1993년 러·중 국경 구획 작업 이후 러시아 극동 엘리트의 반중 발언들이 무수히 많다. 예브게니 나즈드라텐코 전 연해주 지사는 누차 두만강 유역의 손실을 우려하며 "만약 우리가 국경을 움직이면 15년 내에 우리에겐 항구가 남아나지 않을 것"이라고 경고한 바 있다.

네르친스크 조약 이래 1969년 중·러 국경분쟁, 2005년 블라디보스토크 협약 등과 같은 과거사를 통해 갈등·분쟁과 화합·공존의 갈림길이 전개되어 왔다. 러시아는 민족주의 제노포비아 xenophobia·외국인혐오로 갈 것인가 혹은 네오유라시아주의와 같은 움직임으로 갈 것인가는 예컨대 중·러 자원전쟁과 같은 충돌의 길을 갈 것인가, 한국과 같은 자원빈국과 상생을 통한 공생의 길을 갈 것인가에 따라 정해질 것이다.

러시아는 최근 블라디미르 수린 박사가 주장하는 바와 같이 한민족과 함께 시베리아 또는 극동·연해주에서 유라시아 공생의 복합문화 또는 공동 문명 프로젝트를 시도할 수 있다. 그것은 단순한 경제 개발 협력이 아니라 러시아와 한민족의 미래를 위한 새로운 공생문명 창조의 가능성을 탐색하는 시험대일 수도 있다. 이 과정은 미래 한반도 통일과 함께 동북아 국제질서, 미래 한반도의 진운을 결정하는 주요 변수가 될 수 있다. 한국은 이미 이 지역에서 러시아와 상호 보완적 경제 관계·교류를 통한 한국·러시아 공생 시스템을 어느 정도 만들어 왔다.

한국은 중국 조선족과 러시아 고려인, 북한 주민과 함께 동북아의 한민족 문화공동체를 태동시키고, 신한류와 같은 한민족의 신명문화 잠재력을 발휘하여 동북아 공생문명 창조에 나설 수 있다. 나아가 동북아 국제질서의 안정과 공영을 중재하고 선도적 대안을 제시할 수도 있다.

북방 샤머니즘의 세례를 받고 태동한 한민족 기층문화 속에는 마을마다 언젠가 돌아갈 대륙을 꿈꾸는 철새를 앉힌 솟대를 세우고, 북을 두드려 악귀를 쫓아낸 전통이 살아 있다. '만주와 시베리아는 우리 땅이었다' 또는 '우리 땅이 되어야 한다'는 환상을 이야기하는 게 아니다. 단지 그 땅에 살고 있는 근면한 우리 동포들과 함께 지속가능한 한·러 공생의 신문명을 창조하고, 동북아 평화 공존을 주도할 역사적 명분이 우리에게 있다는 것을 말하는 것이다.

러시아의 시베리아 극동, 아시아 공간 인식과 역사

범슬라브주의자들을 비롯한 19세기의 선구적 러시아 지성들은 광대한 러시아의 지리공간 문제를 극복하고 유럽 러시아의 서구 모방 병폐를 치유하여 이른바 제3 로마적 영적·정신적 지도력을 회복할 방안으로 아시아로 눈을 돌렸다. 또는 식민지 개척 경쟁에서 뒤처지지 않기 위하여 동방 시베리아 개발에 박차를 가해왔던 것이다.

그러나 러시아 지도층은 아시아 문화를 이해하는 측면에서 거의 몽매하였다. 다문화가 공존하는 열린 공간 개념보다는 유럽에 대응하는 러시아의 아시아적 정체성 확보 담론과 러시아 이념의 매개공간으로서의 가치에 집중되어 있었다. 최고 인문주의자들조차 아시아 시베리아 원주민의 문화에 대한 이해는 극히 빈약하였다.

톨스토이의 『부활』속 네흘류도프 백작과 마찬가지로 도스토옙스키의 『죄와 벌』의 라스콜리니코프는 시베리아 유형을 통해 거듭나고 있다. 또한 말년의 도스토옙스키는 『작가의 일기』(1881년 1월 호)에서 역사에 대한 예지력과 현실 판단력이 돋보이는 시사 평론을 통해 러시아 민족의 미래 희망을 시베리아, 아시아 진출에서 탐색했다.

러시아 최고의 휴머니스트인 도스토옙스키조차 다양한 원주민이나 시베리아의 인문적 정체성 보전에 대한 인식보다는 러시아의 영토경영 차원에 머물렀던 것이다. 20세기 초 상징파 시인 알렉산데르 블로크Alexander Blok는 그의 유명한 시 '스키타이 인Скифы'에서 러시아를 위협하는 유럽에 대항하여 그 대안으로 동방ㆍ고대적 아시아에 대한 역설적 관심과 애정을 보여주기도 하였다. 19세기 말 20세기 초 러시아의 역사적 고립감이 절정을 이룬 상황에서 나온 것이다.

그렇소, 우리는 스키타이 인!
그렇소, 우리는 아시아 인!
쭉 째지고 탐욕스런 눈을 가진 우리는!

우리는 온순한 노예처럼, 그렇게
방패막이가 되어 왔소. 적대적인 두 종족
몽골과 유럽 사이에서![42]

---

42 Александр Блок , Стнхотворенне н поэмы, Москва , Хд у дожественная
    лнтерат ра , 1977 стр .166.

시베리아는 유럽과 아시아를 연결하며 유목문화와 찬란한 황금문화를 전파한 스키타이와 흉노족의 무대였다. 몽골계, 터키계, 위구르·핀계 민족이 공생해온 현 러시아의 영토이자 지리적 측면에서 북아시아 전체이며, 고아시아 등의 문화적 원류가 잔존하는 유라시아 복합문화 공간이었다.

그러나 러시아의 역사 속에 시베리아는 과거에는 흔히 황무지나 유배지로, 그리고 에스키모 같은 아시아계 원주민들의 미개지로 여겨졌다. 또는 일확천금을 노리는 러시아인들과 제정러시아 정부의 현실주의자들에게 모피와 황금의 공급지나 야생동물 수렵지에 불과했다.

하지만 지난 세기 전 러시아의 산업 원료가 되는 각종 자원의 최대 공급지로, 미래 러시아 도약의 발판으로 부각되며 개발 논리와 맞물려 러시아뿐만 아니라 세계의 주목을 받는 지역으로 부상하였다. 시베리아 애향자 그룹은 이 공간에서 이미 러시아의 유토피아 또는 미국과 같은 신세계 창건을 꿈꾸기도 하였다.

러시아의 아시아적 정체성 확보 문제의 역사적 배경은 몽골 지배와 함께 특수한 지정학적 상황과 관련되어 있다. 에드워드 사이드는 오리엔탈리즘에 의한 동양·아시아의 개념은 서방의 자기중심적 해석, 즉 "동방을 지배하고 재구성하여 군림하려는 서방적인 스타일"로 규정한[43]바 있는데, 전통적으로 러시아의 동양에 대한 인식 또한 이러한 오리엔탈리즘의 범주를 벗어나지 못했다. 모스

---

43 Edward W. Said, Orientalism (London: Routledge & Kegan Paul, 1978), 3쪽.

크바와 상트페테르부르크 러시아의 서구주의적 사관에 의하면 시베리아와 아시아는 주로 미개한 타타르인들의 부정적 이미지 속에 교화와 지배의 대상이 되어왔다.

그러나 유럽을 흠모했던 19세기 러시아 지식인들은 점차 유럽적 병폐 극복과 러시아 정체성 탐색을 위하여 아시아적 요소에 대한 자각을 시도하며 그 매개 공간인 시베리아에 대한 새로운 인식과 가치 평가로 이어졌다.

19~20세기 들어 범슬라브주의의 영향을 받은 일부 지식인과 시베리아 지역주의자들 또는 크로포트킨과 같은 무정부주의자나 유라시아주의자 등에 의하여 새로운 신세계 구축의 가능성을 이 공간에서 발견하고자 하였다. 싱안링(興安嶺)을 넘어 아무르 강까지 탐사한 크로포트킨의 증언에 의하면 1862년 당시 동시베리아 총독 무라비요프 백작은 시베리아를 '착취' 대상으로만 여겨온 옛 관리들을 몰아내고 젊은 관리들을 등용해서 그들과 함께 '시베리아 합중국 건설'을 논의하고, 이어 태평양 건너 미국과의 동맹을 논의하기도 하였다.

또 아무르 유역의 잠재 가능성을 논하며 이곳으로 마치 "미시시피 강변으로 캐나다 이민들이 개척한 것처럼" 될 것임을 예측하였다.[44]

그리고 20, 21세기 들어 유라시아주의자들에 의하여 아시아적

---

[44] P. A. 크로포트킨, 김유곤 옮김, 『크로포트킨 자서전』, (서울: 우물이 있는 집, 2003) 238, 278-9 쪽 참조

문화와 원천이 러시아 내부에 존재하고 있음이 다시 밝혀진 것이다. 알렉산드르 두긴Alexandr Dugin은 '유라시아당'이라는 신당을 창설하기도 하고, 20세기 말 소련의 붕괴와 함께 잃어버린 러시아·소련의 영광을 회복하기 위하여 적극적으로 아시아를 러시아 안으로 끌어들여 활용하려는 노력을 전개하고 있다.

이러한 역사적 사실에 근거해 본다면 러시아 내부의 현실 공간 또는 최소한 상징적인 변방에나마 한국인을 끌어들여 한·러 공생의 장을 열겠다는 러시아 측의 제안은 이성적이다. 두긴이 제시하는 '유라시아 정치 모델'이 미국 중심의 세계화에 대응한 전략이라면, 블라디미르 수린 박사의 '코리아 선언'(한·러 공생국가론)은 중국의 패권적 시베리아 세계화를 예측하고 이에 대응하는 유라시아주의적 전략 모델의 제시라고 규정할 수 있다.

물론 러시아의 근현대사 속에 러·중 갈등과 노일전쟁과 같은 경험에 의해 극동아시아로부터의 위협과 일본의 황화(黃禍)를 우려한 나머지 극동 한인들을 희생시키는 우를 범하기도 하였으나, 아시아는 분명 러시아의 적보다는 타자가 아닌 자신, 자국, 자아실현의 대상이 되었어야 한다.

그간 러시아 입장에서 본다면 한국과 한민족이야말로 비교적 쉬운 상대, 가장 믿을 만한 파트너였었고, 가부장적 사회 문화 전통과 함께 외세에 대한 열등감, 자괴감 같은 심리와 시베리아 북방의 추위를 극복하는 음주가무 문화와 샤머니즘의 빙의와 같은 원초적 인자와 속성을 러시아와 공유했던 것이다.

그것은 중국 동북3성 북방 민족과 몽골인들이 20세기 초까지 함

께 교호했던 것으로, 이 모두 북아시아 원형적 요소들에 대한 공감
대와 함께 칭기즈칸 후예들이 퍼뜨린 몽골·북방적 원형질의 발
로이기도 하다.

한민족 대륙적 정체성 복원과 북방 공생·공영 생활권

북방 시베리아 관련 기록은 한국의 정통 사서에는 거의 찾아볼
수 없다. 한국 역사학계가 그간 중화사상과 주자학의 위압에 눌려
고대사 부분 및 발해에 대한 언급조차 축소하지 않았나 하는 의구
심이 든다. 더구나 사마천의 『사기(史記)』 이래 작금의 '동북공
정'까지 한반도 강역을 축소·왜곡하려는 중국의 '공정'은 지속
되어 왔다.

그러나 1920년대 당대 선구적 지식인이자 사학자였던 육당 최
남선은 그의 『불함문화론(不咸文化論)』에서 고대 한민족의 시원
문화 형성 루트 및 분포를 유라시아 전역으로 넓혔다. 그는 상고
시대의 한민족 문화를 '불함문화'로 칭하고, 단군신화·천손강림
신화를 바탕으로 이 문화가 퍼져 고대 중국과 일본 문화의 뿌리를
형성했으며, 그것이 유라시아 전역에 퍼졌다는 가설을 주장했다.

그는 여기서 몽골·만주족과 함께 시베리아 퉁구스계 종족 오
룬춘(에벤키)과 솔론, 길리악(니브흐) 족들의 부르한 내지 불함 숭
배 풍속으로 연결했다.[45] 20세기 중엽까지도 한국 지성계와 문학
계에는 분명 시베리아 공간에 대한 현실적 이해나 관념 또는 기억

이 거의 없었다. 다만 단군신화의 곰 신앙과 함께 신화와 솟대 등의 민속, 그리고 구전설화('나무꾼과 선녀 이야기' 등)와 같은 문학담론 속에 정신문화적 상징 공간으로 명맥을 유지해 왔을 뿐이다.

역사공간으로서의 북방과 시베리아에 대한 기억은 사라져 갔지만 문학적 '북방' 개념 속에서는 정신문화적 상징 공간으로 살아있었다. 1920~30년대 민족시인 백석은 다음과 같이 노래하였다.

가난한 내가
아름다운 나타샤를 사랑해서
오늘밤은 푹푹 눈이 나린다.
(중략)
눈은 푹푹 나리고
아름다운 나타샤는 나를 사랑하고
어데서 흰 당나귀도 오늘밤이 좋아서 응앙응앙 울을 것이다.[46]

'가난한' 시인과 '아름다운 나타샤'라는 러시아 처녀는 마치 동서양 공생의 가능성 탐색을 상징하는 듯하다. 시인 백석은 일제 치하 닫힌 공간 한반도에서 민족의 북방대륙 혼과 태곳적, 토속적 정조를 많이 읊었다. 그는 "북방에서"에서는 마치 잃어버린 한민족의 북방대륙 기질을 아쉬워하며 한반도로 내몰린 민족의 게으

45 최남선 지음, 정재승, 이주현 역주, 『불함문화론(不咸文化論)』 (서울: 우리역사연구재단, 2008) 26쪽, 196-197쪽

46 백석 시 "나와 나타샤와 흰 당나귀" 중에서 [다산초당, 2009]

름을 자책하기도 하였다. 그는 육당 최남선이 그의 『불함문화론』에서 우리와 같은 문화권으로 논했던 '오로촌'과 '쏠론', 즉 시베리아 퉁구스계 종족 에벤키와 솔론 종족 등과의 공생 장면을 연출했던 것이다. 춘원 이광수 또한 단편 『유정』에서 시베리아 대지와 바이칼 호반을 무대로 주인공 최석 선생과 정임의 비극적 사랑과 죽음, 부활을 노래했다.[47]

이어 현대 한국시단의 거장 김춘수 시인은 그의 시집 『들림 도스토예프스키』속에서 도스토옙스키가 유형과 속죄와 부활의 땅으로 묘사한 시베리아의 상징적 의미를 내밀하게 들려주었다.[48]

고고인류학의 문헌에 의하면 시베리아와 한반도에는 신석기시대 이래 빗살무늬토기를 공유하고, 철기시대 스키타이 등 유목문화와 유라시아 초원문명이 공유되어 신라 금관의 문양을 낳았다.

---

47 이길주, "러시아와 한국 문학작품에 나타난 시베리아와 유라시아 담론과 상징체계" 『한국시베리아연구』제8집, (배재대 한국·시베리아센터, 2005), 75-78쪽.

48 "등이 휘도록 죄를 짊어지고
라스꼴리니꼬프는 시베리아로 가고,
죄를 씻는다고 드미트리도
짧은 허리를 추스르며 시베리아로 갔다.
가고 싶은 시베리아, 그러나
나 누루무치와 내 동생 우루무치는
허리가 긴 족속, 죄를 짓고도
아무르 강을 건너지 못한다.
다리가 짧다."
- 김춘수 시집 『들림 도스토예프스키』중 "허리가 긴" -

최몽룡 교수에 의하면 고래로 한반도 문화는 대륙의 맨 끝단에 위치한 지정학상 특성에 의해 마치 문화 저장지역과 같은 복잡 다양한 성격을 지녀왔고, 그것은 많은 부분이 시베리아로부터 이전되거나 다시 역이전되는 양상, 즉 상호 교류를 해왔었다.[49]

시베리아는 이제 연해주와 바이칼 지역을 중심으로 한민족의 대륙적 정체성 회복과 세계 중심의 한 축으로서 위상을 정립하기 위한 연구와 교류의 대상지가 되어야 한다. 민족의 북방원류가 이어진 시베리아 길이 항공로, 해로, 철로, 육로로 복원되면 그 옛날의 모피로드, 실크로드로 연결되는 것이다.

두만강 건너에 위치하고 있는 러시아의 극동·연해주는 우리 민족과 끊임없는 경제·문화 교류를 해온 지역이며, 한때 발해의 터전이었을 뿐만 아니라 조선시대 이래 정치적 탄압이나 굶주림을 피해 반도를 떠난 한인들이 정착했던 삶의 현장이었으며 일제 치하 독립운동가들의 거점 지대이기도 했다.[50]

이미 고고, 민속, 언어, 인류학 측면에서 시베리아는 한민족 시원 및 형성 과정과 깊은 관련이 있는 지역이다. 유라시아 대륙으

---

49 최몽룡, 「도시, 문명, 국가」, (서울: 서울대출판부, 1998), 249 쪽.

50 구한말 1880년대 우수리 남쪽과 쑤이펀 분지와 아무르 유역의 블라고슬로베노예 등지에 9천여 명의 한인 농민들이 집단적으로 이주해 농업을 시작했다. 당시 한인들의 영농기술과 성실성은 러시아인들에게 매우 높게 인정을 받게 되었다. 따라서 한인들은 아무르의 철도 건설 공사에도 직접 참여하게 되었다. 이후 극동의 한인 수는 일제의 한반도 침략을 거치면서 급격히 늘어났다. 그러나 17만5천 명의 이 지역 한인들이 일본의 소련 침략에 이용될 수도 있다는 점을 들어 스탈린 치하에 1937년에 갑자기 중앙아시아로 강제 이주되었다.

로의 진출은 한민족의 대륙적 정체성 복원과 관련되며, 구한말 이후 시베리아와 만주 지역에 정착한 '북방' 한민족(고려인·조선족·북한인)의 정체성과 역사 복원과도 연계된다.

한반도, 특히 그간 섬 같은 위치에 갇혀 있던 남한 사회는 해양문화가 지배하고 원래의 대륙문화적 기개를 잃어 조급성과 분열적 민족성이 배태되었다. 하지만 모든 신앙을 공인하고 동서양 문명을 융합하여 인터넷과 이동통신 등 부문의 독창적 기술, '한류'와 같은 새로운 패러다임의 문화를 창조하기도 하였다. 유라시아, 시베리아 대륙에 지정·지문화적으로 근접한 한민족은 가장 평화적이고 근면한 품성으로 자연과 인간, 유럽 러시아와 아시아의 상생과 복합문명 공간 형성을 주도할 잠재력을 갖추고 있다. 특히 중국 '조선족'과 러시아 '고려인'의 적응력으로 입증되는 바와 같이 한민족의 타 민족이 지닌 상생과 융화의 잠재력은 누구보다 우수하다고 볼 수 있다.

한·러 생활·문화적 공생공간으로서의 시베리아

시베리아 지역은 고래로 많은 민족이 부침하며 다양한 유라시아 문화를 형성해온 공간이다. 채집-수렵-유목-농경 단계를 거친 생활공간이며, 특히 스키타이, 흉노, 몽골 세력이 유럽과 아시아를 관통하며 시공간을 축약하여 문화복합을 이루던 곳이다. 샤머니즘과 곰 신앙, 솟대와 성황당 같은 전통 토속신앙과 유럽과 아시아의 문명이 만나고, 불교·이슬람·기독교 등 타 문화공동체와의 교호작용이 일어났던 공간이다.

러시아 동진정책 이후 러시아·유럽적 문화요소가 대거 유입되며 시베리아는 러시아·슬라브 문화가 동북 및 중앙 아시아적 문화요소를 융합한 특이한 복합문화공간이 되었다. 그러나 시베리아의 유목·기마 문화는 유럽과 아시아 대륙의 동서 교류에 적지 않은 역할을 해왔으나, 서세동점의 세계사에서 하위문화로 전락하기도 하였다. 샤머니즘을 비롯한 고아시아 또는 북방 소수민족의 다양한 문화자산이 소멸되고 있다.

그러나 미래에는 그와 같은 국경을 넘는 유라시아 복합문화·문명권 형성이 화두가 될 것이다. 이제 러시아는 유라시아주의자들과 시베리아지역주의자들의 주장을 다시 검토하고, 자연과 타종교·문화에 대하여 원주민이 지녀온 겸양의 미덕을 수용하여 공생하는 시베리아·유라시아 복합문화공간 구축을 고려해야 할 것이다.

최몽룡 교수의 말대로 한반도는 이 모든 유라시아 대륙의 신앙과 문화가 어우러져 공존하는 복합문화를 이어받고 있다. 한국은 러시아 고고학자 비탈리 메드베데프 박사의 주장처럼 시베리아 샤머니즘의 원형이 가장 잘 보존된 나라이다. 그러한 측면에서 유라시아 복합문화를 21세기에 주도적으로 재현하고 창조할 당위성을 갖는다.

다문화화 과정에 있는 한국은 문화 다양성 확보를 위해서도 시베리아 지역에 관련된 언어, 민속, 고대역사, 문화와 인류학적 자료를 비오리엔탈리즘의 시각에서 해석하고 종합하여, 러시아인들과 함께 동서양 공생의 복합문화 공간 구축에 주도적으로 참여해야 한다. 이러한 작업으로 통일과 한민족 공동체 형성의 단초를 찾고, 한·러 공생 이념의 개발에도 기여할 것이다.

한민족·고려인과 남북한 출신 이주민은 시베리아에서 지난 40~50년간 또는 100여 년간 우수한 적응력을 보여 왔다. 특히 시베리아에서 한민족의 적응력은 신명의 패기와 함께 비교적 짧은 다리, 작은 눈과 콧구멍 등 풍토와 추위에 적응하는 생물유전적 인자에 기인한다. 타자의 입장에서 보면, 한국은 비교적 짧은 기간에 서구문명 적응·활용 능력을 보이고 있으며, 올림픽과 월드컵을 성공적으로 치러내는 기동력은 물론 서방 기독교까지 토착화 또는 '부흥' 시키는 다원성을 지녔다.

이미 구한말 당시 시베리아의 많은 한국인들이 러시아정교로 개종해 시민권을 부여받기도 했다.[51] 특히 20세기 초 시베리아에 이주한 한인들의 적응력은 제정 러시아와 소련 정부에서조차 크게 인정받은 바 있다.[52]

---

51 James Forsyth, A HISTORY OF THE PEOPLES OF SIBERIA, (케임브리지; 케임브리지대학 출판부, 1992년) 222쪽

52 1910년 러시아 정부가 아무르 철도 건설과 극동지역의 국가 프로젝트에 러시아는 당시 중국인 노동자들의 세력화를 경계해 참여를 금지했지만 한국인들에게는 예외적으로 매우 호감을 나타내었다. 한국인들은 러시아 철도 건설에 동참하며 1910년 우수리 지방에 약 5만1천 명, 아무르 지역에 약 1만5천 명이 거주하게 되었다. 그 후 남우수리 지역(포셰트에서 블라디보스토크까지)에는 20여 개 한인 마을이 건설될 정도로 한국인들의 집단거주가 정착되었다.

그러나 중앙아시아와 연해주 등 소련 내 55만 고려인의 생활상은 특히 1991년 이후 대부분 고난으로 점철되고 있다. 중앙아시아를 떠나 러시아로 복귀하는 고려인은 현재 무국적자로 유랑하기도 한다. 이 점이 고려되어야 한다.

한·러 생활·문화적 공생공간의 시작점으로 연해주 지역의 행정적·영토적 고려인 자치구역 수립을 허용할 수도 있을 것이다.[53] 우선 이들의 연해주 및 러시아 내 이주지 정착에 대한 러시아와 한국 정부의 지원이 시급하다.

신문명의 모델 공간 돼야

블라디미르 수린 박사의 '코리아 선언' (한·러 공생국가론)은 우선 시베리아 공간에 한민족과 러시아가 공생하는 시스템을 구축하자는 것이다. 그것은 오늘의 한국인에게 역사적 의미가 큰 실천적 과제다. 말하자면 고대 시베리아 공간에 옛 한민족 조상과 구한말 이후 재러 한인들에 의해 존재했고 실천되었던 시스템이기에 결코 토머스 모어적 유토피아가 아니다. 북방 한민족 선조들

---

[53] 1989년에 소련 최고인민회의는 "모든 민족의 강제이주를 국제법에 위배되는 중죄로 간주하며, 더 이상 소련 내에 국가적인 차원의 인권 침해가 재발되지 않을 것을 보장한다"는 내용의 성명서를 채택한 바 있다. 1991년 초에 러시아 공화국 최고인민회의도 '피억압 민족의 복권에 관한 법안'을 채택하여 이를 보장하였다

은 시베리아, 만주의 원주민과 같이 동토의 추위와 무서운 곰과 같은 위협적 존재와 공생하였다. 또한 수탈적 국가체제조차 용인하여 생존하여 왔다.

이러한 순응은 자연을 포함하는 모든 타자와의 공생의 전략에서 나온 것으로 보아야 한다. 모든 타자와 공생하는 시스템은 고래로 북아시아적 시공간 속에서 실천적 담론이 되는 것이었다. 유라시아 샤머니즘으로 대변되는 고대 북아시아 문화 체계 속에는 수렵과 유목, 농업 대가족 공동체 문화 속에 자연과 모든 타자와 어울리는 확고한 대륙적 상상계가 존속했었다.

러시아는 전통적으로 유럽 국가이지만, 동시에 아시아 국가로서 시베리아, 극동·연해주에서 다인종 구성에 의한 문화 융합을 시도해 왔으며 이를 바탕으로 강대국으로 성장하고 그들의 제국주의적 양태를 양허받기도 하였다. 러시아는 아시아계 원주민과 이웃 국민들과의 공생적 관계 속에 시베리아, 극동·연해주에서 유라시아 복합문화를 도모할 시점에 있으며, 한민족은 지난 한국 근대화의 역사적 경험을 바탕으로 이를 위한 주도적 참여자가 될 수 있는 것이다.

시베리아·극동·연해주에서의 유라시아 복합문화 발전은 한국과 러시아의 공생공간의 실현으로부터 시작될 수 있으며, 그것은 단순한 인구이동에 의한 물리적 결합 또는 막연한 개념의 유토피아적 꿈이 아닌 영구적인 융화를 위한 실천적 공간을 구축하는 것이어야 한다. 특히 자연과 공생하는 개발에 의한 새로운 문명공간으로, 다문화가 공존하는 열린 공간이자 공생 이념이 창조되는 공동체 사회관계 공간으로 발전되어야 한다.

여기서 경제적 상생의 행정이 이루어져야 함은 물론, 러시아 슬라브계와 함께 한국, 북한, 고려인의 한민족 공동체와 아시아계 모든 원주민의 정신과 생활문화가 보존되며 융화되어야 한다. 분단된 작은 반도에서 지난 20세기 동서양 문명을 융합해 온 한국이 그 연결고리들을 만들어 갈 수 있다. 시베리아 공간에 한민족과 러시아가 공생하는 시스템을 구축하는 것은 결코 천년왕국 신앙이 아닌 실천적 담론이 되는 것이다. 그것은 우리만의 유토피아가 아니고 아시아와 유럽, 나아가 세계가 공생하는 신문명 모델 공간이 되어야 한다. *

• **블라디미르 수린**

교육학 박사. 현재 모스크바에 있는 '사회적 가치가 있는 문제 연구소'의 소장으로 활동하며 주로 러시아가 당면한 여러 가지 사회문제에 관심을 보여주고 있다. 주요 논문으로 〈코리아 선언〉(폴리티체스키 클라스 2005년 11월)〈'황금의 10억 인구'의 계승자〉(문학신문 2001년 7월 25일)〈오일달러 시대의 끝〉(전자신문 '루스카야 리니야' 2006년 12월 25일) 등이 있다.

• **박병환**

우즈베키스탄 주재 한국대사관 공사로 재직 중이며, 1985년 5월 제19회 외무고시에 합격한 뒤 외무부, 경제기획원, 재무부, 재정경제부를 거쳤다. 1998년 이후 외교통상부 통상교섭본부장 보좌관, 신흥시장과장, 동남아통상과장, 주 러시아대사관 1등서기관·참사관, 외교안보연구원 교수부 심의관, 외교문서 공개 예비심사관, 유엔 가버넌스센터 서울사무소 사무국장을 역임했다.

• **박윤형**

전 중앙일보 기자. 현 강남대 교양강사·뉴스앤뉴스 논설위원. 주요 논문으로 〈1840년대 러시아의 정치질서관에 대한 연구〉(1998)가 있으며 주요 저서로 『러시아 정치사상사』(2000) 『디지털 시대 미디어와 정치』(2003) 『근대 러시아의 정치질서관에 대한 연구』(2007) 등이 있다.

• **라종일**

우석대 총장으로 재임 중이며, 일본·영국대사, 국가정보원 제1차장, 국제평화전략연구원장, 한국유럽학회장, 경희대 정치외교학과 교수 등을 역임했다. 주요 저서로 『사람과 정치』(1995) 『끝나지 않는 의문 : 라종일의 정치 이야기』(1997) 『준비, 새로운 천년을 위하여』(1998) 등이 있다.

• 홍완석

한국외국어대학 국제지역대학원 러시아 · CIS학과 교수로 재직 중이며, 주로 러시아 정치 · 외교 · 안보, 동북아 국제관계(동북아 · 러시아)에 대해 연구하고 있다. 주요 논문으로 〈한러 외교관계의 평가와 전망〉(2004) 〈한러 협력에서 현안과 전망〉(2006) 등이 있으며 저서로 『21세기 한국, 왜 러시아인가』(2005) 『현대 러시아 국가체제와 세계전략』(2005) 등이 있다.

• 한종만

배재대학 외국학대학 러시아학과 교수로 재직 중이며, 주로 러시아, 동유럽 경제(동유럽 · 러시아)에 대해 연구하고 있다. 주요 논문으로 〈무한한 잠재의 땅 시베리아〉(1996) 〈시베리아의 잠재력과 한국과의 협력 방안〉(1999) 등이 있으며 저서로 『21세기 러시아의 시베리아 · 극동지역 개발전략에 관한 연구』(2001) 『러시아의 한반도 정책과 남 · 북 · 러 경제협력』(2003) 등이 있다.

• 최우길

선문대학교 국제평화대학 국제학부 부교수. 주요 논문으로 〈중국 조선족 사회와 교육의 변화〉(1999) 〈스위스 연방주의에 대한 서론적 고찰〉(1999) 등이 있으며 저서로 『중국조선족 연구』(2005) 등이 있다.

• 이상면

서울대 법과대학 법학부 교수(국제법)로 재직 중이며, 세계국제법협회 한국본부 회장을 맡고있다. 미국 국무부 특별 법률 고문, 하버드대학 동아법학원 연구원을 역임했고, 주요 저서는 『법철학개론』(1987) 등이 있다.

• 이길주

배재대학 외국학대학 러시아학과 교수로 재직 중이며, 주로 러시아 문학과 시베리아 지역(러시아)에 대해 연구하고 있다. 주요 논문으로 〈러시아의 체제 이행에 대한 사회경제학적 분석〉(슬라브학보 · 1995) 〈러시아 극동 시베리아 식민화 역사와 원주민, 그리고 한민족〉(한국시베리아연구 · 1996) 등이 있으며, 저서로 『동시베리아 지역 연구』(2000) 『현대 러시아 정치론』(2005) 등이 있다.